Beten

Umschlag:
Betende Maria und Apostel an Pfingsten (Detail) im Gebetbuch des St. Galler Fürstabts Ulrich Rösch aus dem Jahr 1472. Einsiedeln, Stiftsbibliothek, Codex 285, S. 217.

Beten
Gespräch mit Gott

Winterausstellung
8. Dezember 2020 bis 7. März 2021

Herausgegeben von Cornel Dora

Verlag am Klosterhof, St. Gallen
Schwabe Verlag, Basel
2020

Gestaltung und Satz
TGG Hafen Senn Stieger, St. Gallen

Druck und Ausrüstung
Cavelti AG, Gossau

Bestelladressen
Stiftsbibliothek St. Gallen
Klosterhof 6d
9000 St. Gallen/Schweiz
stibi@stibi.ch
www.stiftsbibliothek.ch

Schwabe Verlag
www.schwabe.ch
CH:
Buchzentrum AG
Industriestr. Ost 10
6414 Hägendorf
kundendienst@buchzentrum.ch

DE / AT / übrige Länder:
Brockhaus Kommissionsgeschäft GmbH
Postfach
D-70803 Kornwestheim
info@brocom.de

St. Gallen: Verlag am Klosterhof, 2020
ISBN 978-3-905906-42-4

Basel: Schwabe Verlag,
Schwabe Verlagsgruppe AG, 2020
ISBN 978-3-7965-4276-3

Vorwort

Das Beten, allein oder gemeinschaftlich, ist in den meisten Gesellschaften verbreitet. Menschen haben das Bedürfnis, sich an Gott oder das Göttliche zu wenden, fast so, wie sie manchmal auch weinen oder lachen wollen. Sie bitten, danken, preisen, meditieren und klagen, manchmal fluchen sie auch – selbst Jesus hat einen Feigenbaum verflucht (Mk 11,14, Mt 21,19).

In der Winterausstellung 2020/21 der Stiftsbibliothek St. Gallen steht das christliche Gebet im Fokus, so wie es in antiken und mittelalterlichen Handschriften der Klosterbibliotheken von St. Gallen, Hermetschwil und Einsiedeln greifbar ist. Beten ist eine Kulturtechnik, die in uralten Kulten wurzelt. Es hat sich im Judentum und der Antike spezifischer ausgeprägt und wurde im Christentum von Anfang an und während vieler Jahrhunderte intensiv gepflegt.

Ebenso alt wie das Beten ist die Gebetsskepsis. Deshalb muss ja auch Jesus betonen, dass das Gebet helfe. Trotz harter Kritik religionskritischer Philosophen von Diogenes (um 413 – um 323 v. Chr.) bis Immanuel Kant (1724–1804), für den Beten ein «vermessener Wahn» war, wird bis heute auf vielfältige Weise das Gespräch mit Gott gesucht.[1] Warum?

Beten ist ein urmenschliches Bedürfnis, eine Tätigkeit von archaischer Kraft. «Denn das Herz bedarf im Tanz der unerbittlich eisigen Welt des Betens.» So formulierte es der griechische Dramatiker Euripides (um 480–406 v. Chr.).[2] Das Gebet steht auch am Anfang St. Gallens. Gemäss der Überlieferung betete der irische Gründerheilige Gallus als erstes Psalm 132, als er an der Steinach blieb.[3]

In seinem 1919 erschienenen und bis heute beeindruckenden Standardwerk über das Gebet beschrieb Friedrich Heiler es als «das zentrale Phänomen der Religion.»[4] Er untersuchte, wie sich dieses Phänomen je nach religiöser Praxis unterschiedlich und doch auch immer wieder ähnlich ausprägte. Das auch heute die Religionen Verbindende am Beten zeigt sich in der Fotoserie *Faces in Prayer* von Katharina Heigl im Flur der Bibliothek, aber auch in den Gebetsketten (im Katholizismus der Rosenkranz), die viele Bekenntnisse als Hilfsmittel zum Gebet verwenden.

Als Beleg dafür, wie nahe uns Fremdes im Gebet immer wieder kommen kann, sei hier die Bitte des hethitischen Königs Muršili II. (1321–1295 v. Chr.) zum Wettergott Tarhun angeführt, als sein Land Hatti von der Pest heimgesucht wurde: «Tarhun von Hatti, mein Herr, erhalte mich am Leben. Nimm die Seuche vom Hattiland wieder hinweg!»[5] Das ist in Covid-19-Zeiten wieder gut nachvollziehbar geworden.

Neben der Hinwendung zum Göttlichen ist die Ernsthaftigkeit ein Zug jeder Form des Betens durch alle Zeiten. Schliesslich geht es um das, was wir die letzten Dinge nennen, und diese letzten Dinge haben sich im Lauf der Welt kaum verändert. Das führt uns etwa die fromme Alkestis im gleichnamigen Drama des griechischen Dramatikers Euripides vor Augen, als sie in grenzenloser Liebe ihr Leben für dasjenige ihres Mannes Admetos opfert. Beim Sterben bittet sie die Göttin Hestia für ihre beiden Kinder:

O Herrin, auf dem Weg zur Unterwelt
Fleh ich zu dir mit meinem letzten Ruf.
Sieh auf das Waisenpaar! Gib ihm die Frau
Und ihr den Mann von guter, edler Art!
Und dass sie nicht wie ihre Mutter früh
Verscheiden, sondern lang und voller Glück
Im Vaterland verbringen ihre Zeit![6]

Noch etwas: Beim Beten sind wir Menschen an unsere Existenz, unsere Körperlichkeit und unsere Kultur gebunden. Wir richten unsere Worte aber an eine andere Welt. Die Wiederholung im Ritual gibt uns dabei Sicherheit – etwa das «Amen», mit dem fast jedes christliche Gebet schliesst. Auch der Rosenkranz oder der aus Gottesdienst, Beten und Musik hervorgegangene amerikanische Blues arbeiten mit Stereotypen und Wiederholungen.

Ich danke allen, die bei der Erarbeitung und Umsetzung unserer Ausstellung mitgewirkt haben, insbesondere Stefan Matter und Carolin Gluchowski vom Projekt «Deutschsprachige Gebetbuchliteratur des Mittelalters» des Schweizerischen Nationalfonds, aber auch Eva Dietrich, Franziska Schnoor, Ulrike Ganz, Andreas Nievergelt, Mandana Roozpeikar und dem ganzen Wissenschafts- und Vermittlungsteam der Stiftsbibliothek. Wertvolle Hinweise zu den biblischen Gebeten gaben Frank Jehle, St. Gallen, und Adrian Schenker, Freiburg CH. Unseren Leihgebern, Sr. Adelheid Moser vom Kloster Hermetschwil und P. Justinus Pagnamenta vom Kloster Einsiedeln danke ich für die Handschriften, dem St. Galler Domschatz für einen barocken Rosenkranz und Katharina Heigl für ihre Fotografien, ebenso Alix Beil und Christine O'Neill für die Übersetzung verschiedener Ausstellungstexte sowie Jessica Frei und Roland Stieger für die Gestaltung von Katalog und Drucksachen.

Schliesslich gilt mein Dank wie immer dem Katholischen Konfessionsteil des Kantons St. Gallen und der Stiftsbibliothekskommission dafür, dass sie die Stiftsbibliothek tragen und begleiten, und dem Bund, dem Kanton und der Stadt St. Gallen für die finanzielle Unterstützung, die angesichts der zurzeit herrschenden Epidemie besonders wichtig ist.

Allen Leserinnen und Lesern wünschen wir eine anregende Begegnung mit dem Beten, in dem sich Diesseits und Jenseits berühren.

Cornel Dora, Stiftsbibliothekar
Am Gallustag 2020

St. Gallen, Stiftsbibliothek Elogientafel auf das Kloster St. Gallen (Detail)

Gallus kniet nieder zum Gebet von Psalm 132, nachdem er sich entschlossen hat, in der Nähe eines Wasserfalls an der Steinach zu bleiben. Aus zwei Haselruten hat er ein Kreuz gebildet, an das er eine Tasche mit Reliquien der Gottesmutter Maria und der burgundischen Heiligen Mauritius und Desiderius von Vienne gehängt hat. Am Boden neben ihm liegt sein irischer Krummstab (Cambutta). Rechts ist der Bär sichtbar, der ihm in der Nacht begegnet.

Einführung

Stefan Matter

Dem Christenmenschen als Erdenbürger ist Gott lediglich mittelbar zugänglich, allem voran in der Schöpfung und in den biblischen Offenbarungen.[7] Das Gebet, das Gespräch mit Gott, welches über die Grenzen unserer menschlichen Wahrnehmung hinaus reicht, sieht sich daher immer schon ganz grundlegender Kritik ausgesetzt. Besonders wortgewaltig gegen das Beten haben sich beispielsweise Immanuel Kant und Friedrich Schleiermacher gewendet, die sich insbesondere gegen Bittgebete aussprachen. Kaum mehr zu steigern, daher aber auch kaum zu zitieren sind die Schimpftiraden Friedrich Nietzsches auf Betende.[8] In jüngerer Zeit konnte der Soziologe Niklas Luhmann behaupten, es gebe überhaupt keine Kommunikation mit Gott, da in seiner Systemtheorie Kommunikation nur innerhalb der Gesellschaft stattfinden kann.[9]

Den mittelalterlichen Philosophen – und das heisst zugleich: den mittelalterlichen Theologen – war die Vorstellung geläufig, dass im Gebet zwar durchaus Gott angesprochen wird, im Grunde jedoch dem Beten eher der Charakter eines Selbstgespräches zukommt. Da es unnötig sei, den allwissenden Gott über etwas zu informieren, diene das Gebet vielmehr der Selbstbeobachtung und der Aufmerksamkeit gegenüber den eigenen Sünden. Sein Hauptzweck sei die Erzeugung einer Stimmung im Betenden, in welcher er sich würdig erweise, Gottes Gnade zu erlangen. Dahingehend äussern sich so prominente Theoretiker des Betens wie Hugo von St. Viktor[10], Thomas von Aquin[11] oder auch Luther[12], in der jüngeren Theologie vertrat etwa Karl Heim entsprechende Positionen.[13] Theologisch ungeschulte Menschen lassen sich von solchen Diskussionen das Gespräch mit Gott freilich nicht nehmen, sondern gestalten es in immer neuen Farben und Formen aus. Die in dieser Ausstellung gezeigten Bücher und weiteren Artefakte aus dem abendländischen Mittelalter zeugen von diesem Gespräch.

Dass Gebete überhaupt schriftlich aufgezeichnet werden, ist keine Selbstverständlichkeit. Im Frühchristentum und in gewissen Bereichen weit darüber hinaus bis in die Gegenwart hinein wurde und wird die persönliche Ansprache an Gott als eine verstanden, die individuell und frei formuliert werden soll. Es bedurfte besonderer Rahmenbedingungen, um die Notwendigkeit der schriftlichen Fixierung von Gebeten sowie Regeln der Gebetspraxis aufkommen zu lassen. Die zwei vermutlich wichtigsten sind einerseits die Ausbildung von Formen des gemeinschaftlichen Gebetsvollzuges sowie andererseits die Vorstellung und Zeugnisse von verbürgter Wirkmächtigkeit einzelner Gebete.

Das gemeinschaftliche (nicht nur gleichzeitige) Beten ist eng mit der Ausbildung des abendländischen Mönchtums und der in diesem Zusammenhang entstandenen Regeltexte verbunden. In den Klöstern wollte man das fortwährende Gotteslob umsetzen, wie es in 1 Thess 5,17 eingefordert wird: *sine intermissione orate* («betet ohne Unterlass»), oder wenigstens ein regelmässiges, tägliches Gebet nach dem Psalmwort *Septies in die laudem dixi tibi* («siebenmal am Tag lobe ich Dich»; Ps 119,164). Nicht die früheste, wohl aber die wirkmächtigste dieser Regeln ist jene des Benedikt von Nursia aus dem 6. Jahrhundert, die bis zur Entstehung der Reform- und Bettelorden im 12. und 13. Jahrhundert mit Abstand am weitesten verbreitet war.[14] Sie bildet auch heute noch die Grundlage des Zusammenlebens in den Benediktinerklöstern. Die Benediktsregel reguliert fast alle Aspekte der klosterinternen Organisation, sie benennt die verschiedenen Ämter im Konvent, umreisst die Zuständigkeiten und Hierarchien, regelt Sanktionen und vieles andere mehr.

Am ausführlichsten jedoch beschreibt die Benediktsregel – ebenso wie andere Ordensregeln – die Gebetsverpflichtungen *(officia)*, denen nachzukommen sich die Mönche durch ihre Gelübde verpflichtet haben.[15] Benedikt macht genaue Vorgaben, wie die 150 Psalmen des Psalters auf einzelne, genau festgelegte Gebetsstunden *(horae)* des Tages verteilt werden, daneben treten Hymnen, Lesungen, die Litanei und andere, kürzere Gebetstexte. Da diese klösterliche Form des Betens als gemeinschaftlicher Gebetsdienst *(officium divinum)* konzipiert war, musste für die Bereitstellung der entsprechenden Texte gesorgt sein. Weil wichtige Teile des Stundengebets wie auch der Messe gesungen wurden, galt es überdies Melodien zu tradieren. Nur so war sichergestellt, dass im Chor gemeinsam gebetet und gesungen werden konnte, dass aber auch in allen Klöstern das Offizium in vollständiger und regelkonformer Weise stattfinden konnte.

Liturgische Bücher, also Bücher mit den für die *officia* notwendigen Gebeten, gehören deshalb zur Grundausstattung eines jeden Klosters und jeder Kirche, sie sind in jedem Fall deren erster und nicht selten auch deren kostbarster Schatz. Die mit dem grössten Aufwand hergestellten und verzierten Handschriften des frühen und hohen Mittelalters sind allesamt liturgische Handschriften. Daneben stellen Liturgica auch mengenmässig die mit Abstand grösste Gruppe der überlieferten mittelalterlichen Bücher dar, und das, obwohl viele von ihnen gar nicht aufbewahrt worden sind, wenn sie nach Liturgiereformen ausser Gebrauch kamen.

Neben dem gemeinschaftlichen Gebet der Geistlichen, das sich über liturgische Bücher also recht gut fassen lässt, steht das privat verrichtete Gebet des Einzelnen.[16] Dabei muss der Betende in diesem Fall nicht ein Laie sein, auch in der Benediktsregel hat das private Gebet seinen Platz.[17] Wenn im Folgenden vom Privatgebet die Rede ist, dann ist damit nur gemeint, dass solch ein Gebet eben nicht (bzw. nicht zwingend) in der Gemeinschaft verrichtet wird. Für diese Gebetspraxis sind Aufzeichnungen naturgemäss weniger naheliegend, jedenfalls nicht unbedingt notwendig. Dass es sie doch gibt, und zwar in sehr grosser Zahl, hängt unter anderem damit zusammen, dass Gebete zu den Texten gehören, für welche die Schwelle zur Verschriftlichung relativ niedrig war (verglichen etwa mit der weltlich-höfischen Literatur). Ganz offensichtlich hat man aber auch gerne auf bereits vorhandene Gebete zurückgegriffen, und hierfür gibt es vor allem zwei sich ergänzende Gründe.

Zum einen orientiert man sich sehr bewusst an der Gebetspraxis von Autoritäten. Man betet also mit den Worten, die beispielsweise einem Heiligen oder einem Papst zugeschrieben werden oder von ihnen verwendet worden sind. In späterer Zeit verbinden sich mit solchen Gebeten auch gerne kirchliche Ablassversprechen oder es entstehen kurze Erzählungen, die das Zustandekommen oder die Wirkmächtigkeit des betreffenden Gebets untermauern, wie etwa bei den Psalmversen Bernhards von Clairvaux. Hierzu kursierte folgende Erzählung:[18]

«Ein Teufel kam zum heiligen Bernhard, sich brüstend, er wisse sieben Verse aus den Psalmen Davids, wer diese täglich rezitiere, für den sei es unmöglich, nicht in den Himmel zu kommen. Der heilige Bernhard drängte ihn, sie ihm zu nennen. Als sich dieser weigerte, sagte Bernhard: ‹Das macht nichts, denn ich werde täglich den vollständigen Psalter beten, in welchem deine sieben Verse notwendigerweise enthalten sind.› Der Teufel jedoch, der nicht Raum geben wollte für ein solch gutes Werk, zog es vor, seine Verse preiszugeben, so dass wir ihm nun ein solch gutes Werk schulden, wie wir es nicht einmal in den Evangelien finden.»

Den anderen Grund könnte man als literarische Qualität der Gebete bezeichnen. Es gibt Texte, die von grosser Schönheit und Klarheit sind, andere treffen auf eine besondere Weise einen Nerv der Zeit und bleiben dann fortwährend im Gebrauch. Die Gebete Anselms von Canterbury gehören etwa in diese Kategorie, im deutschsprachigen Bereich jene Johanns von Neumarkt oder des Johannes von Indersdorf. Auch manches liturgische Gebet schafft auf diese Weise den Sprung in Privatgebetbücher, neben den (biblischen) Grundgebeten und Psalmen vor allem Hymnen und Antiphonen. In nachmittelalterlicher Zeit spielen hierbei Vertonungen eine herausragende Rolle.

Will man das Beten als Kulturphänomen anhand der Bestände einer jahrhundertealten Bibliothek eines christlichen Klosters beleuchten, dann treten diese beiden hier betonten Hauptströmungen der Gebetsaufzeichnung – Liturgie und Privatgebet – besonders hervor. Die Ausstellung schreitet diese beiden Linien in ausgewählten Schwerpunkten ab.

Allerdings sind Theorie und Praxis zweierlei Dinge, und ein Blick in eine mittelalterliche Handschrift mit Gebeten straft schnell alle Klassifizierungsversuche Lügen. In welch vielfältiger Weise die verschiedenen Aspekte, die eben zur besseren Erläuterung der entwicklungsgeschichtlichen Abläufe getrennt benannt wurden, ineinandergreifen, möchte ich daher in exemplarischer Weise an einem

St. Gallen, Stiftsbibliothek
Cod. Sang. 914, S. 71
Pergament, 285 Seiten
24 × 17 cm
Kloster St. Gallen, 810/820

Benediktsregel, Kapitel 20, in der Leithandschrift der Benediktsregel:
De reverentia orationis
«Die Ehrfurcht beim Gebet»

spectu angelorum psallam tibi; Ergo consideremus qualiter oportet in conspectu diuinitatis & angelorum eius esse. & sic stem(us) ad psallendu(m) ut mens n(ost)ra concord& uoci n(ost)rae.

DE REUERENTIA ORATIONIS XX

Si cum hominib; potentib; uolumus aliqua suggerere non presumimus nisi cu(m) humilitate & reuerentia; quanto magis d(omi)no d(e)o uniuersorum cum omni humilitate & puritatis deuotione supplicandum est & non in multiloquio sed in puritate cordis & conpunctione lacrimarum nos exaudiri

Beispiel illustrieren, wie es sich in ähnlicher Form dutzendfach in mittelalterlichen Handschriften findet. Es ist dem Codex Sangallensis 490 entnommen, einer in der zweiten Hälfte des 15. Jahrhunderts vermutlich von Cordula von Schönau geschriebenen Handschrift. Cordula war Nonne im städtischen Dominikanerinnenkloster St. Katharina in St. Gallen und ist auch sonst als Schreiberin geistlicher Handschriften greifbar.[19] Der uns interessierende Text ist der letzte der Handschrift, wir wissen nicht, wer ihn verfasst hat, und in der Forschung ist er bislang noch nicht zur Kenntnis genommen worden (vollständiger Text S. 98–100).[20]

Der Text fängt als Erzählung an: *Es wz [war] ain andächtig kloster frow, die hat grossi begird zuo dem vergötteten bluot Ihesu Christi, dz [dass] sy ain ietliches tröpffli, dz er in sinem bittren liden für uns hat vergossen mit ainer sundren er möcht geeren* (Bl. 238v). Das Begehren der andächtigen Klosterfrau, von der hier erzählt wird, ist also auf das göttliche Blut gerichtet, welches Christus für uns vergossen hat. Der Text führt das nicht aus, aber jeder zeitgenössische Leser wird es sehr präsent gehabt haben: Christus verliert in der Passion viel Blut, nicht nur am Kreuz, sondern auch etwa beim Gebet am Ölberg, wo er Blut schwitzt, und natürlich später bei der Geisselung und beim Gang nach Golgota. Jeden Tropfen dieses Blutes möchte die Klosterfrau angemessen verehren. Was der Text nun über mehrere Seiten in immer wieder neuen Ansätzen entwickelt, ist eine Gebetsanweisung, die in typisch spätmittelalterlicher Weise ein Reihengebet mit Mystischem und Liturgischem verbindet, gleich mehrere unterschiedliche Autorisierungsstrategien zur Anwendung bringt und dies alles für den Rezipienten in der Volkssprache handhabbar macht.

Zuerst, so erzählt der Text, steht die *andächtig kloster frow* vor dem Problem, dass sie gar nicht weiss, *wie vil der tröpflin sins rosenvarwen bluotz* Christus eigentlich genau vergossen hat. Sie bittet ihn also *langi zyt,* ihr das zu offenbaren, bis ihr zuletzt der Herrgott persönlich erscheint und ihre Frage in Form einer Handlungsanweisung beantwortet. Wenn man während fünfzehn Jahren täglich hundert Vaterunser bete, habe man für jeden Tropfen ein Gebet gesprochen. Wer *dis gebet* – mit dieser stets wiederkehrenden Formulierung ist die gesamte Gebetsleistung gemeint, zu welcher der Text anleitet – leiste, dem wolle Gott *unzal fil [viel] gnaden tuon,* namentlich 30 Seelen aus dem Fegefeuer erlösen, 30 Sünder bekehren und 30 Menschen in ihrem guten Leben bestärken, vor allem aber solle der Beter nach seinem Tod direkt in den Himmel gelangen (Bl. 239v). Ein solches Gebet wäre ohne weitere Strukturierung in der Praxis schwer umzusetzen. Das thematisiert der Text zwar nicht explizit, jedoch hätten es *andächtig lüt also geordnet, dz sy alle tag bettend fünff miserere xv [15] jar, das sind alle tag c [100] vers, für die c [100] pater noster* (Bl. 240r). Das Herrengebet könne also substituiert werden, ein Vers des *Miserere* ersetze ein Vaterunser, so dass man auch mit fünf *Miserere* täglich das Pensum erfüllt habe.

Was ist nun ein *Miserere?*[21] *Miserere mei Deus secundum magnam misericordiam tuam* sind die Eingangsverse von Psalm 51 (in der Vulgata Ps 50), der in der Liturgie vielfache Verwendung gefunden hat und damit auch den meisten Laien wenigstens dem Namen nach bekannt war. Er kam natürlich, wie alle anderen Psalmen, im Stundengebet vor, dazu aber auch im Totenoffizium und überdies am Schluss des Offiziums der Tenebrae (Matutin und Laudes) an den drei Tagen Gründonnerstag, Karfreitag und Karsamstag. Ausserhalb der Liturgie, und das ist für unseren Text vermutlich von grösserer Bedeutung, spielte das *Miserere* als Busspsalm eine Rolle in Bussandachten und Andachten während der Fastenzeit. Dieser prominente Psalm also bildet das Grundgerüst des Reihengebets, welches der *andächtig kloster frow* geoffenbart worden ist. Diese Ordnung wird in einem weiteren erzählerischen Einschub noch zusätzlich legitimiert: Als nämlich *dis gebet* in Gebrauch gekommen sei, habe ein im Text namenloser heiliger Einsiedler ein grosses Geschrei der Teufel vernommen. Als er sie nach dem Grund für ihr Wehklagen befragte, antworteten sie, dass ihnen *dis gebet* viel Leid zufüge, da es so viele Seelen aus dem Fegefeuer erlöse (Bl. 240v).

Nicht nur der heutige Leser wird sich die Frage stellen, ob es wirklich möglich ist, einer so umfangreichen täglichen Gebetsverpflichtung während fünfzehn Jahren ohne Unterbrechung nachzukommen. Vielleicht deswegen folgen gleichsam beruhigende Hinweise für die praktische Umsetzung, dass nämlich *dis gebet* überall und zu jeder Zeit gebetet werden könne, und sollte man es an einem Tag nicht zu beten vermögen, könne man es am Tag davor oder danach beten (Bl. 240v/241r). Solche Lizenzen, die für das kanonische Stundengebet eben gerade nicht gelten, sind typisch für Laiengebetsanweisungen.[22]

Als nächstes wird nun jedes der fünf *Miserere* ziemlich ausführlich mit einer Gebetsmeinung versehen. Das erste solle man der Heiligen Dreifaltigkeit *ze lob und er* beten, die von jeher Gefallen am göttlichen Blut Christi gehabt habe (Bl. 241v). Das zweite sei der brennenden Liebe des Vaters zu seinem Sohn zu widmen, in der Hoffnung, dass Christus jeden Tropfen Blut seinem Vater um die Sünden des Beters opfere (Bl. 242r). Das dritte *Miserere* bete man um Vergebung seiner Sünden willen, damit das göttliche Blut in die Seele vordringe und den Beter reinige *und […] mit ihm verain, und […] in im verklär* (Bl. 242v). Das vierte *Miserere* solle man für alle geistlichen und weltlichen Freunde beten (Bl. 242v/243r), das fünfte schliesslich für die leibliche Familie und insbesondere für die Seele, die als erste aus dem Fegefeuer errettet werden solle, damit sie für den Beter vor Gottes Thron Fürbitte einlegen möge (Bl. 243r/v).

An der Stelle erklärt der Text dem Leser: *Wenn du dis gebet also ordnest, so bezalst du damit für alles, dz du denn schuldig bist.* Mehr zu leisten sei also nicht nötig, mehr zu erreichen nicht möglich. Die kaufmännische Rhetorik muss übrigens nicht irritieren, sie ist einer Denkweise geschuldet, die von einem Gebetsdienst *(officium)* ausgeht, wie ihn die Geistlichen gemäss ihrem Gelübde zu leisten hatten, und wie ihn im Grundsatz eben jeder Christenmensch seinem Schöpfer schuldet. Um das im späten Mittelalter auch weit verbreitete Aufrechnen von Gebetsleistung geht es in diesem Fall weniger, bezeichnenderweise wird die ja leicht zu ermittelnde tatsächliche Anzahl der vergossenen Blutstropfen Christi im Text nicht mitgeteilt.[23]

Die Verfasserin oder der Verfasser scheint dieser selbst gegebenen Versicherung allerdings doch nicht recht zu trauen. Jedenfalls wird als explizit fakultative Erweiterung im Folgenden ein *gebetli* angeboten, mit welchem die fünf *Miserere* Gott anempfohlen werden können. Nötig sei das nicht (Bl. 244v: *du bist es aber nit schuldig*), schaden kann es aber auch nicht. Viele Gebetsreihen haben solche zusammenfassenden Widmungsgebete, so dass wir hier vielleicht auch einfach eine Art literarische Tradition fassen.[24]

Als letzter Textteil folgt nun noch eine deutschsprachige Übertragung des Busspsalms 50: *Dis ist der miserere in tüschtz, den du zuo v [5] malen solt betten in der ordnung, als for stat* (Bl. 245r). Ergänzt ist sie um eine Doxologie (Bl. 247r: *Lob sy dem vatter, und dem sun, und dem hailgen gaist, als er wz in dem anfang und nun und alweg, und von welt ze welt. Amen).* Ob die Doxologie auch stets zu wiederholen ist, sagt der Text nicht; uns gibt sie aber einen Hinweis auf die Herkunft des Textes, denn die Doxologie als Abschluss des Busspsalms weist auf ausserliturgische Bussandachten hin. Eine Sonderform einer solchen ist auch *dis gebet.*

Dieses etwas ausführlicher vorgestellte Beispiel sollte einerseits illustrieren, wie ein typischer mittelalterlicher Gebetstext, hier zusätzlich verbunden mit einer Gebetsanweisung, aussehen kann. Es sollte aber auch zeigen, dass sich die Bereiche Liturgie und Privatgebet nicht fein säuberlich trennen lassen. Die Gebetsanweisung sei einer Klosterfrau offenbart worden, also einer Geistlichen, wie sie auch etwa die Schreiberin der Handschrift, Cordula von Schönau, war. Dies mag Teil der Autorisierungsstrategie sein, es weist aber sicherlich auch auf das Milieu hin, in welchem solche Gebete tatsächlich umgesetzt worden waren. Dann aber ist es ein deutschsprachiger Text und selbst der Psalm und die Doxologie sind in die Volkssprache übertragen – Texte mithin, die jede *andächtig kloster frow* selbstverständlich in Latein auswendig kannte. Das Gebet und die damit verbundenen Gnadenerweise sind damit jedermann verfügbar gemacht, der wenigstens lesen kann. Himmlischer Lohn ist nicht leicht zu haben, aber er ist doch jedem direkt zugänglich, der sich darum bemüht. Das ist kein sehr harmloser Gedanke, er führt letztlich zu den Anschauungen der Reformation.

In Büchern dokumentierte historische Gebete geben also ein sehr buntes – und in vielen Aspekten noch längst nicht gänzlich verstandenes – Bild von vergangener Gebetspraxis. Darunter zählen auch manche fromm gemeinte, aber in den christlichen Glauben nur unter Mühen integrierbare Formen des Gespräches mit Gott, allen voran ein reiches Arsenal an apotropäischen, also Unheil abweisenden Handlungen und dazugehörenden Texten und Objekten. Zu denken ist etwa an Wettersegen, mit denen man Unwetter abzuwenden erhoffte. Das in der Ausstellung gezeigte Hermetschwiler Gebetbuch enthält neben solchen eine ganze Reihe von semantisch unklaren Textversatzstücken, die vermutlich eine allgemein apotropäische Wirkung haben sollen (vgl. S. 52/53). Zu denken ist aber auch an das Fluchen als eine besondere – von der Kirche immer wieder verbotene – Form der Anrufung Gottes, auch an die in Verse gegossenen Verwünschungen von Bücherdieben.[25] Vieles davon scheint allerdings heute kurioser, als es seinerzeit wahrgenommen worden war.[26] Ein Beispiel auch dazu: Diebold Schilling berichtet in seiner Berner Chronik von einer Missernte und einer darauffolgenden Ungezieferplage in den Jahren 1477/78 und davon, wie die Obrigkeiten dem Unglück zu begegnen versuchen. Zuerst werden die Bevölkerung und die Geistlichen zum Gebet angehalten,[27] in einem weiteren Schritt droht der Münsterprediger unter erneuten Gebetsaufforderungen an die Gemeinde den *würmen* mit einem formalen Prozess, schliesslich lädt er die Schädlinge hochoffiziell vor den Bischof, *bi craft und gehorsamkeit der heiligen kirchen am sechsten tage nach dieser execution, so es eins slacht nach mittem tag, gen Wiblispurg* [Avenches], *úch ze verantwurten, oder durch úwern fúrsprechen antwurt zuo geben vor minem gnedigen herren von Losann, oder sinem vicarien und statthalter.*[28] Die Engerlinge hätten also sogar einen Anwalt nehmen dürfen. Das Verfahren zog sich im Folgenden in die Länge, wie der Prozess ausging, ist nicht überliefert.

Die hier ausgestellten Bücher entstammen alle dem christlichen Kulturkreis. Andere Religionen pflegen andere Formen des Umgangs mit ihren Heiligen oder ihren Göttern, und die grossen Religionen verknüpfen sich in unserer globalisierten Welt in vielfältiger Weise, während sich gerade in westlichen Zivilisationen ein gewisser religiöser Eklektizismus Raum greift, der verschiedene spirituelle und esoterische Konzepte zu verbinden versucht. Wie ähnlich sich bei allen inhaltlichen Unterschieden die Betenden im Gebet sind, vermag Katharina Heigl mit ihrer Fotoausstellung *Faces in Prayer* augenfällig zu machen.

St. Gallen, Stiftsbibliothek
Cod. Sang. 490,
Bl. 238v–239r
Papier, 255 Blätter
10 × 7.5 cm
Dominikanerinnenkloster
St. Katharina St. Gallen,
Cordula von Schönau,
1450/1500

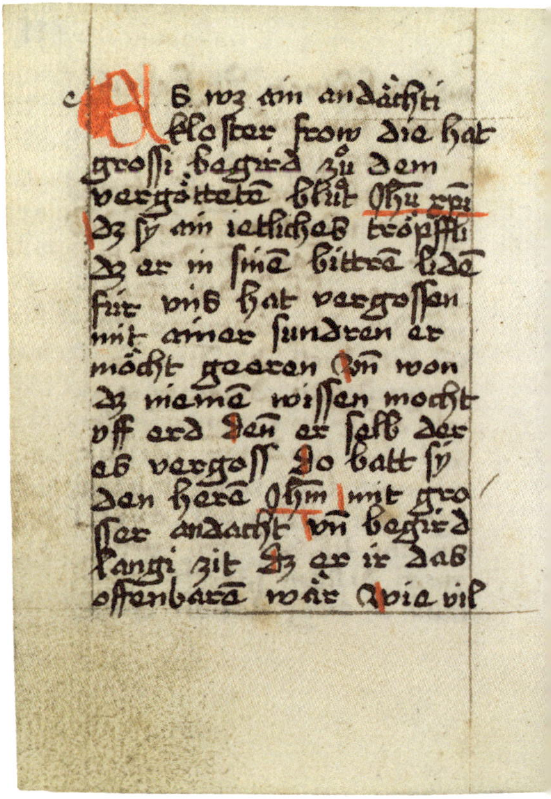
Es wz ain andächti
kloster frow die hat
grossi begird zů dem
vergötteten blůt Jhu xpi
dz sy ain ietliches tröpffli
dz er in sinē bittrē lidē
für vns hat vergossen
mit ainer sundren er
möcht geeren vn̄ won
dz niemā wissen mocht
vff erd den er selb der
es vergoss So batt sy
den herrē Jhm mit gro
sser andacht vn̄ begird
langi zit dz er ir das
offenbarē wär wie vil

der tröpflin sind rosen
varwä bluts wär gesin
Do sy nū dz lang begert
do erschain ir der her
Jhs / do sy in grosser an
dacht was / vn̄ offnat ir
war der mēsch wär der
xv iar alle tag ē pr nr̄
wär betten / wen den
die xv iar vs wärind
So hett ains aine iet
lichen tröpflin ain pr nr̄
gebettet / vn̄ sait ir da
by / wie ain gross gefalle
im wär / wär im sines
blut vergessens dancke

1

Beten in der Bibel

Cornel Dora

Die Bibel bildet die Grundlage des christlichen Betens und verbindet es mit der Gebetstradition des Judentums. Sowohl das Alte als auch das Neue Testament überliefern unzählige eindrückliche Gebete, etwa die Psalmen, die schon in den ersten christlichen Klöstern täglich gebetet und gesungen wurden. Von ursprünglicher Kraft ist auch das Danklied von Mose nach dem Durchzug der Israeliten durch das Schilfmeer, das von Mirjam und den Frauen Israels in einem Ritual mit Pauken und als Tanz vorgetragen wurde.

Im Neuen Testament greift Jesus selbstverständlich auf die jüdische Gebetstradition zurück, in der er erzogen worden war. In den Evangelien ist das Beten insbesondere auch persönliche Praxis der Einzelnen, verbunden mit ihren konkreten Bedürfnissen. Jesus zeigt, wie gebetet werden kann, besonders beim Vaterunser oder mit seinem Bittgebet am Ölberg. Und seine Mutter Maria preist Gott im *Magnificat.*

In der Bibel ist das Beten eine Zwiesprache mit Gott, so auch im Vaterunser. Gott ist persönlich ansprechbar. Gemäss dem Neuen Testament ist Gott uns ganz nahe gekommen. In Jesus Christus ist er Mensch geworden, der als unser Bruder unser menschliches Schicksal teilt. Eine wichtige Folge der in den ersten Jahrhunderten begrifflich entwickelten Lehre von der Dreieinigkeit besteht darin, dass wir auch zu Jesus beten können, da er am göttlichen Wesen Anteil hat.

Schon früh in der Geschichte des Christentums wurden neben dem dreieinigen Gott auch Heilige im Gebet angerufen, in denen man Fürsprecher für die Menschen bei Gott sah. Dadurch wurden in gewisser Weise auch polytheistische Traditionen der antiken und germanischen Religionen ins christliche Beten integriert.

Jesus verheisst im Matthäusevangelium (Mt 7,7, 18,19 und 21,22), dass wir alles, worum wir im Gebet bitten, erhalten werden. Deshalb einen direkten Nutzen aus dem Beten zu erwarten, geht freilich fehl. Nach unserer Erfahrung und auch gemäss wissenschaftlichen Untersuchungen lässt sich aus dem Beten keine direkte Wirkung erwarten.[29] Hingegen zeigt es tatsächlich positive Effekte im Bereich des Zwischenmenschlichen und es hilft, im seelischen Gleichgewicht zu bleiben. Indem die Religionen diese Kulturtechnik pflegen, leisten sie somit einen Beitrag zum Wohlergehen sowohl der einzelnen Menschen als auch zum mitmenschlichen Zusammenleben der Gesellschaft als Ganzes.

Beten ist etwas sehr Persönliches, oft etwas Intimes. Dies macht es naheliegend, dafür nicht eine fremde, sondern die eigene Sprache zu verwenden. Erste Zeugnisse dafür im deutschen Sprachraum finden sich mit dem Vaterunser und dem Glaubensbekenntnis im St. Galler Abrogans (Cod. Sang. 911).

Das Schilfmeerlied von Mose und Mirjam (2 Mose 15, 1–21)

St. Gallen, Stiftsbibliothek
Cod. Sang. 77, S. 149
Pergament, 482 Seiten
46.5 × 35 cm
Kloster St. Gallen, 850/860

Die Beschreibung des Gesangs Mirjams mit der Pauke und der dazu tanzenden Frauen beginnt in der linken Spalte, 4. Zeile von unten: *Sumpsit ergo Maria [= Mirjam] prophetes soror Aaron tymphanum in manu sua, egressaeque sunt omnes mulieres post eam cum tymphanis et choris, quibus pręcinebat dicens: Cantemus domino, gloriose enim magnificatus est. Equum et ascensorem deiecit in mare.*

Das Danklied von Mose und Mirjam nach dem Durchzug der Israeliten durch das Schilfmeer, das in der griechischen Septuaginta-Übersetzung wohl irrtümlich mit dem Roten Meer identifiziert wurde, ist ein früher und anschaulicher Beleg dafür, wie Beten ritualisiert und künstlerisch verstärkt werden kann.[30] Es handelt sich dabei um das erste gemeinschaftliche Gebet, das erste Lied und den ersten Tanz im Alten Testament.[31] Wie viele Gebete enthält es die Elemente Not, Dank und Hoffnung. Und am Ende der Erzählung über die Rettung des Volks Israel hat es zudem eine literarische Funktion als abschliessendes Dankgebet.[32]

Das Buch Exodus (2 Mose 14–15) berichtet von der Befreiung der Israeliten aus der Unterdrückung in Ägypten und davon, wie sie von den Soldaten des Pharaos verfolgt werden. Durch ein Wunder bahnt Gott den Israeliten einen Weg durch das Meer und überflutet nach ihrem Durchzug die nachsetzenden ägyptischen Streitwagen. Als die Israeliten sehen, wie die Leichen ans Ufer gespült werden, dankt Mose Gott mit einem sorgfältig aufgebauten, 19 Verse langen Siegesgebet, dem sogenannten Schilfmeerlied: «Ich singe dem HERRN ein Lied, denn er ist hoch und erhaben. Ross und Reiter warf er ins Meer ...» (2 Mose 15,1, vollständiger Text S. 93).

Der Bibeltext berichtet weiter: «Die Prophetin Mirjam, die Schwester Aarons, nahm die Pauke in die Hand, und alle Frauen zogen mit Paukenschlag und Tanz hinter ihr her.» (2 Mose 15,20) Mirjam, die als Prophetin und Schwester des Hohenpriesters Aaron und damit auch von Mose hervorgehoben wird, wiederholt singend die zwei ersten Zeilen des Gebets und schlägt dazu eine Pauke, wohl eine Art Tamburin. In rhythmischem Tanz folgen ihr die Frauen und geben so in israelitischer Tradition ihrer Freude über das Geschenk des Siegs Ausdruck.[33]

In der Auslegungsgeschichte galt dieses Lied lange als ältestes israelitisches Gebet. Heute wird es von der Bibelwissenschaft etwa ins sechste Jahrhundert vor Christus datiert. Das Verhältnis des von Mose vorgetragenen Wortlauts («Meine Stärke und mein Lied ist der HERR ...») zum dessen Anfang wiederholenden Mirjamslied («Ich singe dem HERRN ein Lied ...») kann nicht mehr völlig geklärt werden. Die beiden Teile kommen vielleicht aus verschiedenen Traditionen.[34]

Dieses Gebet wird in den Bibelhandschriften des Frühmittelalters überliefert. Wir sehen hier die lateinische Fassung im um 850/860 geschaffenen ersten Band der st.gallischen Grossen Hartmut-Bibel (Cod. Sang. 77, S. 149). Diese mehrbändige Bibel zeigt den hohen Stand von Wissenschaft und Kunst unter dem Dekan und späteren Abt Hartmut (Dekan 849–872, Abt 872–883, † 911/912). Das insgesamt sechsbändige Werk ist vollständig erhalten (Cod. Sang. 77–79 und 81–83, auf die Psalmen und die Evangelien wurde verzichtet, weil sie separat gesammelt wurden).[35]

habitatores phylistim·
Tunc conturbati sunt prin
cipes edom· robustos mo
ab obtinuit tremor· ob
riguerunt omnes habita
tores chanaan· Irruat su
per eos formido· & pauor· XXVI·
inmagnitudine brachii tui
Fiant immobiles quasi la
pis· donec pertranseat po
pulus tuus dñe· donec per
transeat populus tuus iste·
quem possedisti· Intro du
ces eos· & plantabis inmonte
hereditatis tuae· firmissimo
habitaculo tuo· quod opera
tus es dñe· Scūariū dñe
quod firmauerunt manus
tuae· dñs regnabit inaet
num & ultra· Ingressus ē
enim eques pharao· cū cur
ribus & equitibus eius in
mare· & reduxit super eos
dñs aquas maris· Filii aū
israhel ambulauerunt per
siccum· inmedio eius·
V· Sumpsit ergo ma
ria prophetes· soror aaron·
tymphanum inmanu sua· e
gressaeq· sunt omnes muli
eres post eam· cum tympha
nis & choris· quibus praeci
nebat dicens· Cantemus
dño· gloriose enim magni
ficatus ē· equum & ascenso
rem deiecit inmare·
Tulit autem moy
ses israhel demari rubro·
& ingressi sunt indesertū
sur· Ambulaueruntq· tri
bus diebus persolitudinē·
& non inueniebant aquam·
Et uenerunt inmarath·
nec poterant bibere aquas
demarath· eo quod essent
amare· Unde & congruū
loci nomen imposuit· uo
cans illud marath· id ē amari
tudinem· Et murmurauit
populus contra moysen di
cens· quid bibemus· At ille
clamauit addñm· qui osten
dit ei lignum· Quod cum
misisset inaquas· indulce
dinem uersae sunt· Ibi
constituit ei praecepta at
q· iudicia· & ibi temptauit
eum dicens· Si audieris
uocem dñi di tui· & quod
rectum est coram eo fece

Marias Lobpreis *Magnificat* (Lk 1, 46–55)

Auch das Neue Testament enthält eine ganze Reihe Gebete, die bis heute nichts an Ausstrahlung verloren haben. Eines davon ist der Lobgesang Mariens, bekannt auch als *Magnificat.* Maria spricht ihn bei ihrem Besuch bei Elisabeth. Sie weiss, dass sie Christus, den Sohn Gottes, gebären wird, und freut sich darauf, Mutter zu werden. Die ebenfalls schwangere Elisabeth wird bald Johannes den Täufer als Vorbereiter des Wirkens Jesu zur Welt bringen. Bei der Ankunft Marias hüpft das Kind in Elisabeths Leib. Sie begrüsst Maria mit Worten, die später in das Gebet «Gegrüsst seist du, Maria» aufgenommen worden sind: «Gesegnet bist du mehr als alle anderen Frauen, und gesegnet ist die Frucht deines Leibes.» Zwei Frauen, die beide guter Hoffnung sind, freuen sich gemeinsam.[36]

Das ist die Szene, in der Maria zu ihrem Lobpreis Gottes ansetzt: «Meine Seele preist die Grösse des Herrn …» (Lk 1,46, vollständiger Text S. 94). Ihr Gebet ist voll Fröhlichkeit und Zuversicht. Und es bekommt gewissermassen breite Flügel, indem es sich vom persönlichen Dank zum Lobpreis Gottes und zur Heilsverheissung weitet. Die Tradition des Alten Testaments ist spürbar. Dabei klingen auch die Ideen an, die wir aus dem Schilfmeerlied von Mose und Mirjam kennen: Gott liebt mich, ihm gebührt Dank, er ist gerecht, und er rettet. Der Text hat vor allem in Vers 52 («er stürzt die Mächtigen vom Thron und erhöht die Niedrigen») auch eine sozialpolitische Komponente, die in jüngerer Zeit durch die Befreiungstheologen aufgegriffen wurde.

Das *Magnificat* hat zahllose Vertonungen gefunden, darunter von Monteverdi, Schütz, Vivaldi, Bach, Mozart, Schubert, Mendelssohn, Bruckner, Gounod, Tschaikowsky, Williams, Penderecki, Pärt sowie auch vom St.Galler Paul Huber. Von den neueren Kompositionen erfreut sich die Fassung des Engländers John Rutter aus dem Jahr 1990 in sieben Sätzen und mit weiteren eingefügten Texten einiger Beliebtheit.[37]

Der Text ist Teil des Lukasevangeliums, findet sich aber auch schon vergleichsweise früh eigenständig in frühmittelalterlichen Gebetsammlungen, so auch im abschliessenden Gebetsteil der hier gezeigten Handschrift, Cod. Sang. 17. Der Band ist ein wichtiger Zeuge für den Einfluss der griechischen Kultur im karolingischen Reich gegen Ende des 9. Jahrhunderts. Sein erster, lateinischer Teil enthält das Matthäus- und einen Teil des Markusevangeliums, der zweite, lateinisch-griechische Teil die Psalmen 101 bis 150 und eine Reihe in der Messe und im Chorgebet verwendeter Gebete, darunter neben dem *Magnificat* auch das Vaterunser und das Glaubensbekenntnis.

St.Gallen, Stiftsbibliothek
Cod. Sang. 17, S. 330–331
Pergament, 342 Seiten
24 × 18.5 cm
Kloster St.Gallen, 880/900

Auf Seite 330, linke Spalte, 4. Zeile von unten, beginnt das lateinische *Magnificat* Marias: *[M]agnificat anima mea dominum.*
Am Anfang der Zeile wurde Platz für den Anfangsbuchstaben M ausgespart, der dann nicht mehr nachgetragen wurde. Rechts die griechische Urfassung.

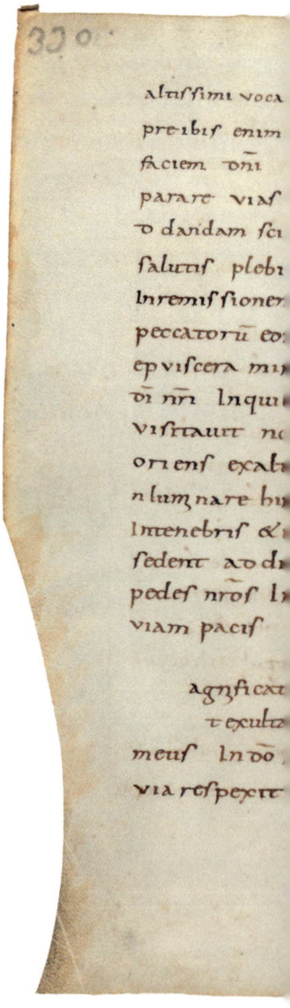

Der lateinisch-griechische Teil von Cod. Sang. 17 wirft eine Anzahl Fragen auf, auf die interessante Antworten möglich sind. So hat Rupert Schaab vorgeschlagen, dass die hohe Griechischkompetenz, die sich darin zeigt, darauf hindeuten könnte, dass gegen Ende des 9. Jahrhunderts muttersprachliche Griechen in St. Gallen anwesend waren. Und dafür schlägt er Methodios, den Apostel der Slawen vor, der etwa von 870 bis 872 tatsächlich an einem unbekannten Ort in Süddeutschland gefangen gehalten wurde.[38]

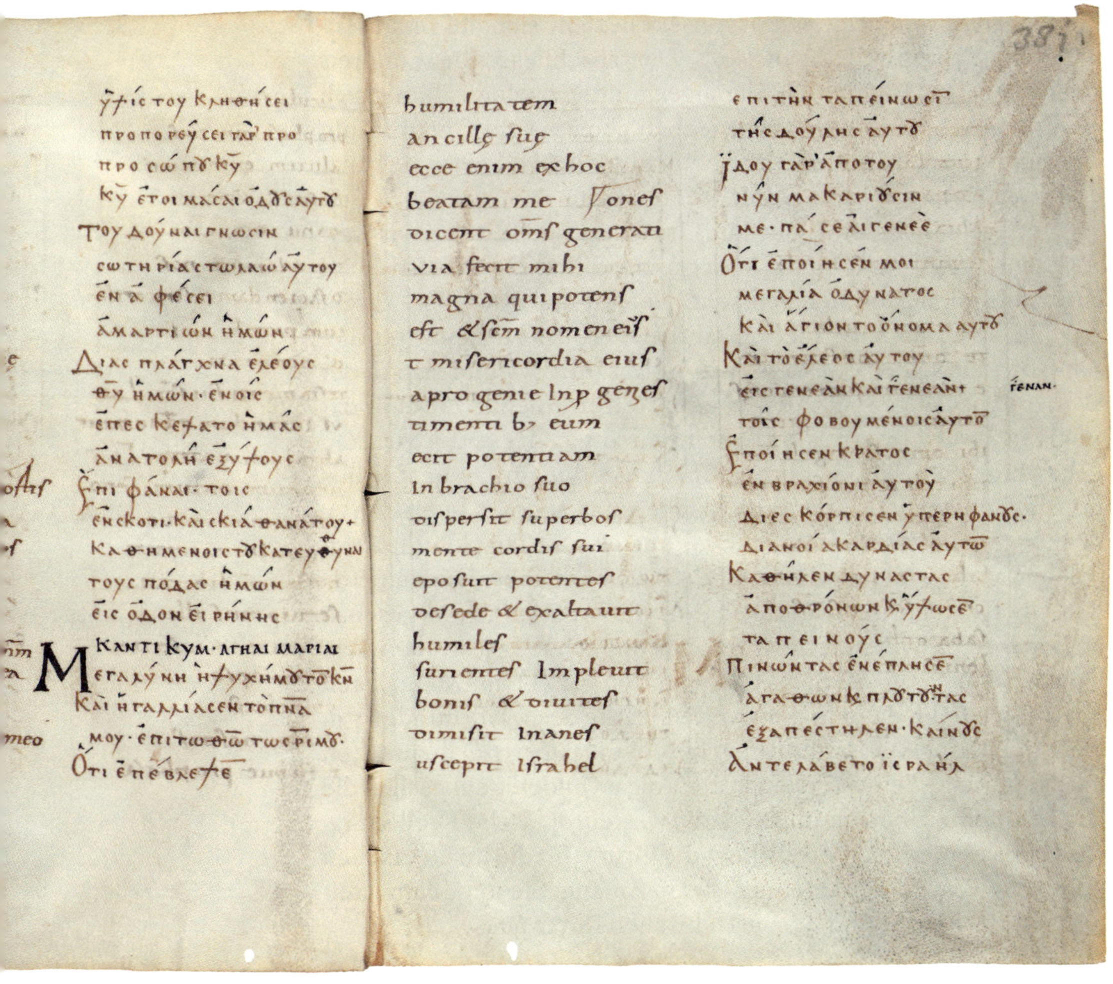

Das Vaterunser (Mt 6,9–13 und Lk 11,2–4)

Das Gespräch mit Gott ist eine persönliche Sache und verlangt nach Wahrhaftigkeit. Deshalb ist es wichtig, dass die Gebete in den Volkssprachen zur Verfügung stehen. Als Beispiel soll das meistverbreitete aller christlichen Gebete dienen, das in der Bergpredigt von Jesus selber vorgetragene Gebet des Herrn, deutsch je nach Konfession Vaterunser oder Unservater genannt.[39] Seine früheste deutsche Fassung «Fater unseer» (vollständiger Text in der Randspalte) ist im Abrogans (Cod. Sang. 911) der Stiftsbibliothek erhalten, der als ältestes erhaltenes deutsches Buch gilt.[40]

In den Evangelien ist das Vaterunser in zwei weitgehend übereinstimmenden Fassungen überliefert, der gängigen mit sieben Bitten von Matthäus (Mt 6,9–13) und einer kürzeren mit fünf Bitten von Lukas (Lk 11,2–4, vollständige Texte S. 94). Das einzige Gebet, das Jesus seine Jünger gelehrt hat, gilt als authentisch. Anklänge ans aramäische Qaddisch-Gebet und das sogenannte Achtzehngebet offenbaren auch seine jüdische Prägung.[41]

Der Text des Vaterunsers kann in zwei Teile eingeteilt werden. Der erste verwendet das Pronomen «du»/«dein». Gott ist das Thema. Der zweite mit «wir»/«unser» bezieht sich auf uns Menschen und unsere Bedürfnisse.[42] Der abschliessende Lobpreis «Denn dein ist das Reich …», die sogenannte Doxologie, findet sich nicht in den Evangelien, wurde jedoch gemäss vom Christentum übernommener jüdischer Praxis beim mündlichen Vortrag ergänzt und verfestigte sich schon bald.[43]

Es geht in diesem Gebet um Grundlegendes: Indem wir Gott als guten «Vater» (oder gute Mutter) im «Himmel» anrufen, wird eine Ambivalenz deutlich gemacht: Gott ist uns zwar nicht direkt greifbar, aber durch die Liebe erfahrbar. Das Vaterunser bittet diesen Gott, aus seiner Verborgenheit herauszutreten und sich in der Welt durchzusetzen. Die den zweiten Teil eröffnende Bitte für das «tägliche Brot» betrifft die Daseinsvorsorge, das, was wir zum Leben brauchen. Und wir bitten um Vergebung für Dinge, die uns belasten, und gleichzeitig um die Gabe, auch anderen vergeben zu können. Schliesslich wollen wir vor uns überfordernden Situationen bewahrt werden und hoffen, dass das Böse überwunden wird. Die Übertragung des Vaterunsers in die Volkssprachen geschah über mehrere Zwischenschritte. Ursprünglich trug Jesus den Text wohl in seiner aramäischen Muttersprache vor.[44] Die Evangelisten überlieferten ihn dann in der zweiten Hälfte des 1. Jahrhunderts in einer griechischen Fassung, und Hieronymus übertrug ihn um 400 ins Lateinische. Seine Version in der Vulgata bildete schliesslich die Vorlage für die Übersetzungen in die westeuropäischen Volkssprachen. Im lateinischen Vorbild liegt der Grund für die im Deutschen unübliche Wortfolge «Vater unser» am Anfang. Sie folgt dem lateinischen *Pater noster* und dem griechischen Πάτερ ἡμῶν.[45]

St. Gallen, Stiftsbibliothek
Cod. Sang. 911, S. 320
Pergament, 323 Seiten
17 × 10.5 cm
Südwestdeutschland,
um 790

Fater unseer thu
pist in himile uuihi
namun dinan.
qhueme rihhi
din uuerde uuillo din
so in himile sosa in erdu.
prooth unseer emez-
zihic kip uns hiutu oblaz
uns sculdi unseero
so uuir obla-
zem uns scul-
dikem enti ni
unsih firleiti in kho-
runka uzzer losi un-
sih fona ubile.

Fater unseer thu
pist in himile uuihi
namun dinan q
qhueme rihhi
din uuerde uuillo din
so in himile sosa in erdu.
prooth unseer emezz
hic kip uns hiutu oblaz
uns sculdi unsero
so uuir oblaz
em uns scul
dikem enti ni
unsih firleiti in khorunka
unka uzzer losi un
h fona ubile
ccc

«Bittet, so wird euch gegeben»

St. Gallen, Stiftsbibliothek
Cod. Sang. 1395, S. 83
Pergament, 473 Seiten
21.5 × 18.5 cm
Italien, 450/500

Jesu Erhörungszusage für das glaubende Beten in der rechten Spalte, 13. Zeile von oben: *Et omnia quaecumque petieritis in oratione credentes accipietis.* («Und alles, was ihr im Gebet erbittet, werdet ihr erhalten, wenn ihr glaubt.») (Mt 21,22)

Das Bittgebet ist die Grundform des Betens.[46] Wer bittet, erhofft sich, dass sie oder er erhört wird. Allerdings bleibt die wörtlich gewünschte Wirkung unserer Gebete häufig aus. Die Rückkoppelung zur Realität ist selten so konkret, wie wir es wünschen. Das ist aber nicht entscheidend, denn im Gespräch mit Gott gelangen unsere Anliegen auf eine neue Ebene, in der sich ein erweiterter Raum der Möglichkeiten auftut. Das drückt auch die Redewendung «Da hilft nur noch Beten» aus. Beten hilft, weil es neue Perspektiven öffnet, manchmal auch, weil es schon erleichtert, einen Wunsch nur auszusprechen. Deshalb beten wir weiterhin, auch wenn wir nicht genau das bekommen, worum wir bitten.

Direktes Nutzendenken ist beim Bittgebet also nicht der richtige Ansatz. Trotzdem wird in der Bibel, vor allem im Johannesevangelium und den Johannesbriefen, auf den ersten Blick die Erhörung der Gebete ohne Einschränkung verheissen.[47] Dabei ist freilich keine direkte Kausalität gemeint, denn für die Erfüllung von Bitten wird immer eine Gebundenheit an Gott oder die Notwendigkeit des Glaubens vorausgesetzt.[48] Damit befindet sich das in der Bibel angesprochene Beten im oben angesprochenen grösseren Raum der Möglichkeiten.

Zudem geht es Jesus selber nicht besser. Besonders deutlich wird das im Gebet Jesu am Ölberg vor seiner Gefangennahme. Er bittet seinen Vater inständig darum, von Gefangennahme und Tötung verschont zu werden, doch die Kreuzigung bleibt ihm nicht erspart (Mt 26,36–56, Mk 14,32–52, Lk 22,39–53; vgl. S. 36/37). Wichtig ist eben der auch aus dem Vaterunser bekannte Zusatz: «Dein Wille geschehe.»

Wir sehen hier die letzte von drei Stellen im Matthäusevangelium, in denen Jesus die Erhörung aller Gebete zusagt (Mt 7,7–8, 18,19 und 21,22).[49] Sie berührt die Beziehung zwischen Beten und Glauben. Jesus verflucht einen Feigenbaum, der keine Frucht trägt, und dieser verdorrt sofort – ein Beleg übrigens dafür, dass auch ein Fluch Gebetsform haben kann. Die Wirkung des Gebets setzt Jesus dann mit dem Glauben in Verbindung: «Und alles, was ihr im Gebet erbittet, werdet ihr erhalten, wenn ihr glaubt.» (Mt 21,22)[50]

Die Stelle Matthäus 21,22 ist im ältesten Fragment der um 400 von Hieronymus geschaffenen lateinischen Vulgatafassung der Bibel erhalten. Die Handschrift ist vermutlich in der zweiten Hälfte des 5. Jahrhunderts in Italien entstanden.[51] Sie ist eines der ehrwürdigsten Zeugnisse der Geschichte der lateinischen Bibel.

[illegible] sunt et di-
xerunt ei audis quid
isti dicant ihs autē
dicit eis utique num-
quam legistis quia
ex ore infantium et
lactantium perfe-
cisti laudem
et relictis illis abiit fo-
ras extra civitatē
in bethaniam ibiq̄
mansit mane autem
revertens in civita-
tem esuriit et videns
fici arborem unam
secus viam venit
ad eam et nihil inve-
nit in ea nisi folia tan-
tum et ait illi num-
quam ex te fructus
nascatur in sempi-
ternum et arefac-
ta est continuo ficul-
nea et videntes dis-

cipuli mirati sunt
dicentes quomodo
continuo aruit
ccxv
m̄ cxxiiii
Respondens autem
ihs ait eis amen dico
vobis si habueritis
fidem et non haesita-
veritis non solum de
ficulnea facietis sed
et si monti huic dixe-
ritis tolle et iacta te
in mare fiet
ccxvi
m̄ cxxv
l. cl.
Et omnia quaecumq̄
petieritis in oratio-
ne credentes accipietis
ccxvii
m̄ cxxiii
l. ccxl
Et cum venisset in tem-
plum accesserunt
ad eum docentem prin-
cipes sacerdotum et
seniores populi dicen-
tes in qua potestate
haec facis et quis tibi
dedit hanc potestatē
Respondens ihs dixit
illis

Mth. c. 21. v. 16–24

Mth. 21

2

Gebetsweisen

Cornel Dora

Die konkrete Ausführung des Betens ist in vielen Formen möglich: still in der Meditation, laut in Gemeinschaft, singend, im Wechsel zwischen Vorbeter und Gemeinde, im Wechsel zwischen Gruppen. Die Texte selber prägen auch über ihre Sprache und ihren Rhythmus den Charakter des Gebets. Und auch sinnlich wird das Beten oft bewusst erweitert, wobei die Atmosphäre, architektonische und künstlerische Gestaltung und Akustik des Raums, Düfte (Weihrauch), Licht und Dunkel eine wichtige Rolle spielen.[52]

Die katholische Messe, die seit 1600 Jahren im Wesentlichen unverändert als gottesdienstliche Form besteht, zeigt mustergültig, wie eine längere Folge von Gebeten durch Körperhaltung, Vortragsweisen, verschiedene Betende, Zeichen, Singen und weitere künstlerische Mittel bis hin zu theatralischer Gestik gestaltet werden kann.

In der christlichen Kirche hat sich die Musik von Anfang an einen bedeutenden Platz in der Gebetspraxis verschafft. Sie führt von urchristlichen Gesängen über den gregorianischen Choral des Frühmittelalters bis zu den opulenten Orchestermessen der Neuzeit und zu den Jodler- und Pop-Messen der Gegenwart, nicht zu vergessen den auch heute aus den Gottesdiensten nicht wegzudenkenden Gemeindegesang von Kirchenliedern.

Die Beziehung von Musik und Gebet geht jedoch weit darüber hinaus. Viele berührende Musikstücke sind religiös inspiriert und wirken auch so, denken wir an die Werke Bachs, Verdis oder an die Sinfonien Anton Bruckners. Selbst der Popkultur ist das Beten nicht fremd, etwa wenn Eric Clapton zu Bluesakkorden betet *Dear Lord, give me strength to carry on.*[53] Und in Gebetsform hofft Paul McCartney in *The Long and winding road* auf eine Tür, die sowohl zu einem geliebten Gott als auch zu einem erlösenden Gott führen könnte.[54] Auch spirituell klingende Gitarrenstücke, etwa *Samba Pa Ti* von Santana können als Gebete verstanden werden. Tatsächlich hat José Feliciano einen Gebetstext zu diesem wunderschönen Gitarrenklassiker geschrieben.[55]

Manche Gebete, etwa der Rosenkranz und die Litanei, leben von der Repetition, ähnlich wie Refrains in Liedern. Auch die Körperhaltung wirkt unterstützend: stehend, kniend, im Gehen, die Hände bittend gefaltet, die Arme ausgebreitet oder offen vor sich und so weiter. Feierliches Beten wird oft in gehobenem Sprechgesang ausgeführt. Ein biblischer Bericht, der geradezu ikonenhaft auf die formale und innere Entwicklung des Betens gewirkt hat, ist das Gebet Christi am Ölberg, im Garten Getsemani, kurz vor seinem Leiden und Tod. Es hat durch die bildliche Darstellung die Frömmigkeit vor und nach der Reformation mitgeprägt.

Beten in der Messe

In den gottesdienstlichen Feiern aller Religionen spielen Gebete eine Hauptrolle. Hier sind sie Teil fester kollektiver Rituale, die sich im Lauf der Tage, Wochen und Jahre wiederholen. Eine sehr alte religiöse Feier ist die katholische Messe.[56] Sie erinnert an das Abendmahl Christi vor seinem Tod, das im Frühchristentum rituell aufgenommen und sukzessive erweitert wurde. Ihre heute noch gültige Gestalt war im Wesentlichen bereits um 400 ausgebildet.[57]

Mit Ausnahme der Schriftlesungen und der an die Gemeinde gerichteten Predigt ist die Messe eine Abfolge zahlreicher unterschiedlicher Gebete: Bittgebete, Lobgebete, Bekenntnisgebete, Bussgebete, Dankgebete, Segnungsgebete. Diese werden unterschiedlich vorgetragen: durch Einzelne, gemeinsam, im Wechsel. Der kirchliche Liedschatz bereichert mit Gemeinschaftsgefühl und gesteigerter Emotion, und die Veränderung der Körperhaltung mit Stehen, Knien, Sitzen, verschiedenen Haltungen der Hände oder der Bekreuzigung der Gläubigen unterstützt den Inhalt und bezieht den Körper mit ein.

Höhepunkt der Messe ist die Eucharistie mit der Wandlung von Brot und Wein zum Leib Christi. Sie wird von einem längeren, Messkanon genannten Gebet begleitet, das lateinisch mit den Worten *Te igitur, clementissime pater* («Dich, gütigster Vater») beginnt (1. und 2. Abschnitt S. 98). In den Büchern zur Messfeier, die sich später, in der Zeit um 1200, zum Voll- oder Plenarmissale entwickeln, wird der Beginn des Messkanons besonders ausgezeichnet. Schon ab dem 8. Jahrhundert (Sakramentar von Gellone) bildet sich aufgrund der formalen Ähnlichkeit des Anfangsbuchstabens T mit dem Kreuz in den Sakramentaren die *Te-igitur*-Initiale mit einem Bild des Gekreuzigten heraus, welches sich im 12. Jahrhundert zunehmend von der Initiale löst und zum Kanonbild mit der Kreuzigung verselbständigt.[58] Die Initiale zum *Te igitur* wird ab dem 13. Jahrhundert bedeutungslos, was vergessen lässt, dass sie den Auslöser für die Darstellung einer Kreuzigungsszene an dieser Stelle gegeben hat.[59]

Im in St.Gallen entstandenen Plenarmissale Cod. Sang. 343, das alle Gesänge und Gebete der Messe enthält, finden wir ein solches Kanonbild mit dem Buchstaben T als einfacher Initialmajuskel zum Textbeginn. Wir sehen Christus am Kreuz mit seiner Mutter Maria und seinem Lieblingsjünger Johannes. Im unteren Bildteil sind zwei Mönche in einer blauen und grünen Kutte zu erkennen. Sie knien und beten mit offenen Händen zur Kreuzigungsszene. Gegenüber beginnt der Kanontext mit *Te igitur*. Cod. Sang. 343 entstand im 11. Jahrhundert, wurde aber im 14. Jahrhundert gründlich erneuert, indem alte, wohl verbrauchte Teile durch neu geschriebene ausgetauscht wurden.[60] Der Text stammt aus dem neueren Teil, das Bild dagegen wohl aus dem älteren. Es ist etwas verschmiert, weil es während der Messe vom Priester geküsst wurde (vgl. S. 44/45).[61] Auch Küsse können also Teil von Gebeten sein.

St.Gallen, Stiftsbibliothek
Cod. Sang. 343, S. 232–233
Pergament, 780 Seiten
28 × 19.2 cm
Kloster St.Gallen, 11. (Bild) und 14. (Text) Jahrhundert

Te igitur clementissime pater
per ihesum christum filium tuum dominum no
strum supplices rogamus ac
petimus uti accepta habeas
et benedicas hec do✠na hec mu✠
ra hec sancta sacri✠ficia illibata In pri
mis que tibi offerimus pro ecclesia tua sancta
catholica quam pacificare custodire
adunare et regere digneris toto orbe terrarum
una cum famulo tuo papa nostro N. et an
tistite nostro N. rege nostro N. et omnibus or
thodoxis atque catholice et apostolice fidei cul
toribus Memento domine famulorum fa
mularumque tuarum Et omnium circumstanci
um quorum tibi fides cognita est et nota de
uocio pro quibus tibi offerimus vel qui tibi
offerunt hoc sacrificium laudis pro se
suisque omnibus pro redempcione animarum suarum
pro spe salutis et incolomitatis sue tibi
reddunt uota sua eterno deo viuo et ue
ro Communicantes et memoriam uene
rantes In primis gloriose semper virginis

manducent ihu hoc autem dicebat temptans eum ipse enim scie-
bat quid esset facturus. Antiph cantande in pcessionib; et i copler. Ier

od A Media uita in morte sumus quem querimus adiutorem nisi te
domine qui p peccatis nostris iuste irasceris. x. Sce deus sce fortis
sce et misericors saluator amare morti ne tradas nos.

V x. In te sperauerunt patres nostri sperauerunt et liberasti eos. Sce
V Ad te clamauerunt patres nostri clamauerunt et non sunt confusi. Sce
V Ne despicias nos in tempore senectutis cum defecerit uirtus nostra
oc ne derelinquas nos. Sce et mis. A Pacem tuam quesumus
domine et pax tua xpe maneat mentibus nostris ut non ti
meamus a timore nocturno siue diurno sed semp uigilemus cunc
tis in operibus seu et in moribus mandatorum tuorum. Sup Nunc dimit.

oc A Vigilate omnes et orate nescitis enim quando tempus sit uigila
te ergo nescitis enim quando dominus domus ueniet sero an
media nocte an gallicantu an mane et cum uenerit repente
inueniat uos dor—mientes. Feria scda.

i A Auferte ista hinc dicit dominus et nolite facere domum patris
u mei domum negotiationis. A Soluite templum hoc dicit dominus

St.Gallen, Stiftsbibliothek
Cod. Sang. 389, S. 138
Pergament, 422 Seiten
26 × 20 cm
Kloster St.Gallen, um 1266/1300

Das *Media Vita* beginnt in Zeile 3. Die Melodie ist mit den darüberstehenden Neumen, den Musiknoten des Frühmittelalters, angegeben.

Musik: «Mitten im Leben sind wir vom Tod umgeben»

Das Singen von Gebeten ist schon bei den Psalmen des Alten Testaments belegt. Die emotionale Steigerung und rituelle Verstärkung von Gebeten mit Musik wurde im Frühchristentum fortgesetzt und verbreitete sich im Mittelalter weiter. Die Wirkung des gesungenen Gebets ist zweifach verstärkend: Bei den Betenden, weil für das Singen mehr Kraft und Sorgfalt nötig sind, beim Publikum durch die Intensivierung der Emotionen mit künstlerischen Mitteln.

Zu den bekanntesten Gebetsgesängen des Mittelalters gehört die Antiphon (= Wechselgesang) *Media vita in morte sumus:*[62] «Mitten im Leben sind wir vom Tod umgeben. Wen suchen wir als Helfer ausser Dir, o Herr, der Du gerechterweise wegen unseren Sünden zürnst? Heiliger Gott, heiliger Starker, heiliger und barmherziger Retter! Übergib uns nicht einem bittern Tod!»[63] (Vgl. auch S. 98).

Das *Media Vita* eignet sich als Gebet bei Todesgefahr und war im Mittelalter weit verbreitet. Es wurde beispielsweise zur Vorbereitung auf den Tod von Kaiser Otto IV. im Jahr 1218 gesungen.[64] Seit dem 15. Jahrhundert sind auch deutsche Übersetzungen belegt, die bekannteste davon stammt von Martin Luther (1483–1546), der die Antiphon zum evangelischen Kirchenlied umformte.[65]

Die Herkunft des *Media Vita* ist nicht geklärt. Das Thema könnte im ganzen christlichen Raum aufgenommen worden sein. Die frühesten Handschriften aus dem 11. und 12. Jahrhundert sind weiträumig verstreut: Reichenau, Exeter, Silos (Spanien), Verona, Bamberg und Stuhlweissenburg (Ungarn).[66] In St.Gallen ist der Gesang erst im 13. Jahrhundert erstmals nachweisbar, dann allerdings doppelt, als Nachtrag im Hartker-Antiphonar Cod. Sang. 390, S. 8, und im hier abgebildeten Cod. Sang. 389 – einer Abschrift von Cod. Sang. 390 aus dem 13. Jahrhundert – auf S. 138.[67] Die zwischen den Zeilen eingetragenen Neumen zeigen als Notensystem den Melodieverlauf an.

Aufgrund einer Fehlinterpretation des St.Galler Klosterbibliothekars Jodocus Metzler (1574–1639) wurde das *Media Vita* seit 1613 dem grossen St.Galler Sequenzendichter Notker Balbulus († 912) zugeschrieben.[68] Metzler interpretierte dabei eine Passage aus den *Casus sancti Galli* von Ekkehart IV. († um 1060) falsch.[69] Darin wird ein Unglück bei der Brücke über das Martinstobel im Osten St.Gallens geschildert. Zum Dank dafür, dass dabei niemand zu Schaden kam, sangen die herbeigeeilten Helfer, allerdings nicht das *Media Vita*, sondern das *Kyrie eleison* («Herr, erbarme dich») und weitere Gesänge. Und nicht Notker, sondern Ulrich von Augsburg (890–973) war an der Episode beteiligt.[70]

Auf Betreiben Metzlers und seines jüngeren Mitbruders Anton Widenmann (1597–1641) wurde das *Media Vita* von Fürstabt Pius Reher (1597–1654, Fürstabt 1630–1654) ins Stundengebet der St.Galler Mönche aufgenommen, die es bis zum Untergang der Abtei jeden Abend nach der Komplet sangen.[71]

Am Ölberg

St. Gallen, Stiftsbibliothek
Sammlung Kemli 9
Holzschnitt auf Papier, 1 Blatt
18.8 × 12.3 cm (Darstellung)
Süddeutschland/Schweiz, um 1450/80

Das Gebet Jesu vor seiner Verhaftung am Ölberg ist die intensivste und abgründigste Gebetserzählung im Neuen Testament. Die Evangelisten Markus (Mk 14,32–52) und im Anschluss an ihn Matthäus (Mt 26,36–56) und Lukas (Lk 22,39–53) berichten fast übereinstimmend darüber: Jesus begibt sich von Angst geplagt in den Garten Getsemani und betet dort drei Mal, indem er sich auf sein Gesicht zu Boden wirft: «Abba, Vater, alles ist dir möglich. Nimm diesen Kelch von mir! Aber nicht, was ich will, sondern was du willst.» (Mk 14,36)[72] Alle drei Evangelien betonen dabei seine ganz menschliche Todesangst. Bei Lukas ist sein Schweiss gar «wie Blut» (Lk 22,44), aber ein Engel gibt ihm innerliche Kraft (Lk 22,43). Auf den Blut schwitzenden Jesus bezieht sich auch der Kehrvers «der für uns Blut geschwitzt hat» im Rosenkranz.

Die bildliche Darstellung von Jesus am Ölberg findet sich seit dem 12. Jahrhundert zunehmend in der Buchmalerei und erreicht im Spätmittelalter im Zeichen der Mystik und der Frömmigkeitsbewegung *Devotio moderna* weiteste Verbreitung – auch als Holzschnitt.[73] Ein schönes Beispiel ist dieser um 1450/1480 entstandene kolorierte Holzschnitt, ein Unikat in der Sammlung des St. Galler Mönchs Gallus Kemli (1417–1481).[74] Kemli war einer der frühesten bekannten Sammler von Einblattdrucken. Das Blatt wurde 1930 vom Administrationsrat verkauft, konnte aber 2017 von der Stiftsbibliothek zurückerworben werden.[75]

Die Darstellung zeigt im oberen Teil den Blut schwitzenden Jesus betend auf den Knien an einem felsigen Abhang mit dem in den Evangelien erwähnten Kelch. Im unteren Teil schlafen die drei Jünger, während rechts der mit dem Zeigefinger der rechten Hand auf Jesus deutende Verräter Judas die Soldaten heranführt.[76]

Vom 15. Jahrhundert bis in die Barockzeit entstanden in und neben Kirchen und Friedhöfen im deutschen Sprachgebiet viele plastische Ölberggruppen aus Stein oder Holz.[77] Sie zeigen analog zu den bildlichen Darstellungen in der Regel den auf den Knien betenden Jesus mit dem Kelch – manchmal in der Hand eines Engels –, dazu die schlafenden Apostel Petrus, Johannes und Jakobus. Ergänzend kommen oft der Verräter Judas und die Soldaten hinzu. Die plastische Darstellung des betenden Jesus diente auch als didaktisches Vorbild zur Gebetshaltung. Dadurch förderten die Ölberge die Andacht und erinnerten daran, dass Gott Gebete nach seinem Willen erfüllt und nicht nach dem Willen der Betenden.

Auch auf dem Klosterhof von St. Gallen befand sich von 1480 bis 1528 eine von der Bürgerfamilie Grübel gestiftete Ölberggruppe. Sie zeigte, *wie Christus an dem olberg knuwet und die junger an dem berg unden schlaffend*, darüber ein ewiges Licht.[78] Der Bau aus Quadersteinen mit einem Gewölbe auf vier Säulen wurde in einer bilderstürmerischen Aktion der Stadt 1528 abgebrochen. Seine Steine wurden 1532 für den Bau eines Galgens verwendet.[79]

3

Text und Bild

Carolin Gluchowski und Stefan Matter

Die Bebilderung von Gebetbüchern ist eine relativ späte Entwicklung, die mit Blick auf die im Christentum virulente Bilderfrage nicht selbstverständlich ist. Denn im ersten Jahrtausend stand das Christentum Illustrationen eher skeptisch gegenüber, sie galten mehr als Ablenkung denn als Hilfsmittel beim Aufstieg der Seele zu Gott. Richtungsweisend wirkte das Konzil von Nikaia (787 n. Chr.), das den Gebrauch von Gottesbildern erlaubte, das den Gebrauch von Bildern erlaubte, sofern sie nicht selbst Gegenstand der Verehrung waren, sondern lediglich der Andacht dienten.

Die ersten bebilderten Andachtsbücher stammen aus dem 9. und 10. Jahrhundert. Es handelt sich um ausgesprochen seltene Kostbarkeiten, die sich im Besitz hochrangiger weltlicher oder geistlicher Persönlichkeiten befanden. Die Prachtentfaltung in den überlieferten Exemplaren, mit welcher sich ihre Besitzer durch die sichtbare Ausschmückung des Gotteslobes visuell zu profilieren suchten, war häufig Teil eines durchdachten Repräsentationsprogramms, das die ganze Hofhaltung prägte.

Im 12. und auch noch im 13. Jahrhundert war der Psalter der am weitesten verbreitete Gebetbuchtypus sowohl beim Klerus als auch bei Laien, und zwar in Deutschland, England, Frankreich und Italien. Der Psalter als Privatgebetbuch enthielt einen Kalender mit den wichtigsten Heiligenfesten, das Buch der Psalmen, später auch Zusätze zum Chorgebet. Die Bilderzyklen, häufig Szenen aus dem Leben Christi, bisweilen auch aus dem Alten Testament, dienten unter anderem als Gliederungseinschnitte und Memorierhilfen für die Texte.

Noch im 13. Jahrhundert wurde der Psalter ausserhalb des deutschsprachigen Raumes durch das Stundenbuch abgelöst, das sich bis ins 16. Jahrhundert hinein grosser Beliebtheit erfreute. Den inhaltlichen Kernbestand des Stundenbuchs machte das Marien-Offizium aus, daneben enthielt der Buchtyp häufig einen Heiligenkalender und das Totenoffizium, manchmal auch das Heilig-Geist- oder das Kreuz-Offizium. Angereichert wurde der Textbestand durch weitere Gebete, deren Auswahl sich an den Bedürfnissen der Auftraggeber orientierte. Der Erfolg des Stundenbuchs, das in grosser Anzahl in Frankreich, Flandern und den Niederlanden produziert wurde, gründete zu einem Grossteil auf dessen reichhaltiger Bebilderung, meist mit Marien- und Passionszyklen. Im deutschsprachigen Raum hingegen dominierten lateinisch- oder volkssprachliche Sammelhandschriften, die in ihrer Textzusammenstellung sehr viel stärker variierten. Häufig blieben diese Gebetsammlungen überdies bilderlos, auch wenn es reich illuminierte Ausnahmen gibt.[80]

Bilder waren mehr als blosser Zierat. Grundlage für die Vertiefung in das Gebet und die Verinnerlichung des Textes war dessen Verständnis. Volkssprachliche Übersetzungen der Gebetstexte und reichhaltige Illustration von Andachtsbüchern halfen den Betenden bei der Erschliessung schwer verständlicher Textpassagen.[81] Bilder machten das Unaussprechliche der göttlichen Offenbarung anschaulicher als das auf Vereindeutigung drängende Wort. Nicht selten wurden die Andachtshilfen selbst zum Gegenstand meditativer Kontemplation, die den Betrachter in die «richtige» innere Haltung für das Gebet versetzten.[82]

St.Gallen, Stiftsbibliothek
Cod. Sang. 470, S. 23–24
Pergament, 247 Seiten
14.5 × 10.5 cm
Brabant/Nordfrankreich, 15. Jahrhundert

Der Beginn des Heilig-Kreuz-Offiziums wird durch eine fünfzeilige Goldinitiale markiert, deren Binnenfeld die heilige Veronika mit dem Schweisstuch zeigt. Vielleicht durch die intensive Nutzung der Zierseite weist die Initiale Beschädigungen auf.

Die heilige Veronika mit dem Schweisstuch

Das kleinformatige Andachtsbuch wurde vermutlich im 15. Jahrhundert hergestellt. Die zahlreichen Initialen und reich illuminierten Zierseiten deuten auf ein professionelles Atelier in Brabant oder Nordostfrankreich hin.[83] Die hier gezeigte rechte Seite (S. 24) zeigt den Beginn des Kreuz-Offiziums, eines häufig in Stundenbüchern anzutreffenden Gebets, welches in den sieben kanonischen Gebetsstunden die Passion Christi abschreitet. In dieser Handschrift folgt das Offizium als erster Gebetstext direkt auf den Kalender und steht somit noch vor dem Haupttext des Stundenbuches, dem Marien-Offizium.

Der Beginn des Heilig-Kreuz-Offiziums wird durch eine auffällige Initiale zum Invitatorium *Domine, labia mea aperies: Et os meum annunciabit laudem tuam* (Ps 50,17: «Herr, öffne meine Lippen, und mein Mund wird dein Lob verkünden») markiert, mit dem das Schweigen der Nacht sein Ende findet und das Lob Gottes im Gebet beginnt. Die mit Blattgold verzierte Initiale zeigt im Binnenfeld die heilige Veronika.[84] Gut sichtbar für den Betrachter hält sie das Schweisstuch (Sudarium), noch heute eine der wichtigsten Reliquien des Christentums, in ihren ausgestreckten Armen. Auf dem Sudarium ist das verwischte Antlitz Christi (Mandylion) zu sehen. Zusammen mit dem abgeriebenen Blattgold deuten die materiellen Spuren auf den starken Gebrauch der Buchseite, die möglicherweise geküsst wurde.

Namentlich erwähnt wird die heilige Veronika in der Bibel nicht. Die Apokryphen erkannten in der Heiligen, bei deren Namen es sich um ein Anagramm des lateinischen *vera icon* («wahres Bild») handelt, eine jener namenlosen Frauen in den Evangelien, die am Kreuzweg das Leid Jesu beklagten.[85] Vom Mitleid bewegt, als sie Jesus das schwere Kreuz auf den Hügel Golgota herauftragen sah, bot Veronika ihm ihren Schleier an, damit er sich den Schweiss vom Gesicht abwischen konnte. Daraufhin trug das Tuch, so geht die Legende, auf wundersame Weise das wahre Bild Christi, nicht von Menschen geschaffen, sondern von Gott geschenkt.

Die Veronika-Legende war im Mittelalter sehr beliebt, und zwei Päpste versprachen Ablässe für Pilger, die nach Rom reisten, um sich diese besondere Berührungsreliquie im Petersdom anzusehen, wo sie heute noch im Veronikapfeiler, einem der Vierungspfeiler, aufbewahrt wird. Aber auch das Betrachten von Abbildungen der Heiligen, von den Gläubigen selbst als Form des Gebets verstanden, wurde als hilfreich angesehen.

sempiternam impetret beatitu
dinem. Per dominum nostrum
ihesum christum filium tuum
qui tecum vivit et regnat.
De beata marta antipho
na.
O beata
martha
que a pro
hospite
suscitari fratrem tuum ab austro
impetrasti. tuis precum votis
impetra nobis a sepulcris vicio
rum suscitari. et dignis virtu
tibus adornari. V. Specie tua.
et pulchritudine tua. R. Inten
de prospere procede et regna.

Omnipotens clemen
tissime deus. cuius
filius in ede beate marthe
hospitari dignatus est. quesumus
clemenciam tuam. Ut eius
meritis que illum placide
suscepit. in ede polorum mise
ricorditer hospitari valea
mus. Per eundem.
Agnetis virginis anti.
Beata
agnes
in me
dio fla
marum expansis manibus
orabat. te deprecor venerande
colende pater metuende quia

St. Gallen, Stiftsbibliothek
Cod. Sang. 503ab, S. 142–143
Pergament, 161 Seiten
12 × 8 cm
Frankreich, 1450/1500

Die qualitätvolle Initiale zum Suffragium der Martha von Bethanien links zeigt die Heilige mit Kreuz, Weihwasserkessel und Wedel, wie sie das Ungeheuer bezwingt. Der Text wird von einer aufwendigen Zierleiste begleitet. Auf der rechten Seite zeigt die Initiale die heilige Agnes mit einem Lamm auf dem Schoss.

Das Suffragium der Martha von Bethanien

Vermutlich in der zweiten Hälfte des 15. Jahrhunderts entstand das kleinformatige Stundenbuch im Auftrag der Familie Montboissier.[86] Die in der Auvergne ansässige Familie war im 15. und 16. Jahrhundert zu regionaler Bedeutung gelangt, als sie in den umliegenden Städten mehrere Kanoniker stellte. Das reich ausgestattete lateinisch-französische Gebetbuch, das in einem professionellen Schreib- und Illuminier-Atelier im französisch-burgundischen Raum angefertigt wurde, zeugt von dem mit der Stellung der Familie einhergehenden Geltungsanspruch.

Besonders reich illuminiert sind die sogenannten Suffragien, kurze Gebete zu einzelnen Heiligen, denen das Stundenbuch jeweils eine Miniatur beistellt. Die Suffragien, von Stundenbuch zu Stundenbuch in Anzahl und Auswahl stark variierend, exemplifizieren die Apostel, Evangelisten, Erzengel, Bekenner und Märtyrer als Vertreter der Kirche, in denen sich die Heilslehre manifestiert. Heute geben diese Gebete, die meist am Ende eines Stundenbuches stehen, einen bunten Einblick in die mittelalterliche Heiligenwelt. Die Auswahl der Heiligen, die bisweilen nur lokal begrenzt verehrt wurden, gibt oft wichtige Hinweise auf den Entstehungsort eines Stundenbuches, wenn dessen Erstbesitzer nicht bekannt sind.

In die Schar der in diesem Gebetbuch versammelten himmlischen Fürbitter reiht sich unter anderem Martha von Bethanien ein, deren mittelalterliches Kultzentrum in Frankreich lag. In den Evangelien nach Lukas und Johannes wird Martha als ältere Schwester der Maria von Bethanien und des Lazarus vorgestellt. Die Bibel erzählt, dass sie zum engeren Kreis um Jesus gehörte. Spätere Legenden schmückten ihr Leben über den Tod Jesu hinaus aus. Ihnen zufolge wurde die Heilige zusammen mit ihren Geschwistern und einigen Begleitern in einem Boot auf dem Meer ausgesetzt, das in Marseille landete, wo sie noch 30 Jahre bis zu ihrem Tod lebte.

Das Martha von Bethanien gewidmete Suffragium wird durch eine Miniatur (Abbildung linke Seite) eingeleitet, die eine provenzalische Erzählung aufgreift, nach der die Heilige die Stadt Tarascon im Rhônetal von einem Ungeheuer befreite.[87] Die Miniatur hält den entscheidenden Moment fest, in dem Martha das Ungeheuer, hier am rechten unteren Bildrand, bezwingt: Das Kreuz als Zeichen des Glaubens in ihrer linken Hand, besprengt sie das Monster, halb Drache und halb Fisch, mit heiligem Wasser. Das dazugehörige Gebet hebt die *virtus* (Tatkraft) der Heiligen als vorbildhaft für die Gläubigen hervor.

Ein Diptychon im Gebetbuch

In der Mitte des kleinformatigen Gebetbuches findet sich eine Doppelseite mit zwei ganzseitigen Miniaturen, welche eine Kreuzigung (links) und eine Pietà (rechts) zeigen.[88] Sie sind wie bei einem Diptychon, einem zweiteiligen, klappbaren Tafelbild, aufeinander bezogen. Der Bild-Doppelseite kommt in der Handschrift eine herausgehobene Stellung zu, ist doch der Rest des Gebetbuches nicht bebildert.[89]

Die Kreuzigungsdarstellung auf der linken Seite zeigt eine Deesis, eine Dreiergruppe mit Christus in der Mitte, umgeben von Maria und Johannes dem Täufer. Die Blicke der Gottesmutter und des Täufers, die ihre Hände andächtig zum Gebet gefaltet haben, sind auf den Gottessohn gerichtet, der für die Sünden der Menschen den Kreuzestod erleidet. Die innige Versenkung beider Figuren in die Passion Christi dient dem Betrachter als bildlich umgesetzte Andachtsanweisung.[90] Sie veranschaulicht die dem Betenden abverlangte innere Gebetshaltung, der in der Frömmigkeitsvorstellung des Spätmittelalters weit mehr Bedeutung zugemessen wurde als der Anzahl der gesprochenen Gebete.

Kompositorisch eng auf diese Darstellung bezogen, zeigt die rechte Seite eine Pietà. Vor dem nun leeren Kreuz im Hintergrund steht die Gottesmutter, in den Armen den Körper ihres toten Sohns haltend. Um die beiden Figuren herum sind Folterwerkzeuge arrangiert, auch *Arma Christi* genannt, die gemäss dem Volksglauben bei der Misshandlung Christi während des Verhörs durch Pilatus verwendet wurden. Im Spätmittelalter nahm die Zahl dieser Leidenswerkzeuge vor dem Hintergrund einer intensivierten Passionsfrömmigkeit zu, so dass die in der Miniatur gezeigten Geissel, Rute, Kreuznägel und Dornenkrone nur einen kleinen Ausschnitt des Folterrepertoires zeigen.

Dass gerade die Bilddoppelseite von den Besitzern des Andachtsbuches häufiger aufgeschlagen wurde, legen die Schmutzspuren an den Blatträndern nahe. Auffällig sind bei näherem Hinsehen auch die Abnutzungsspuren im Gesichtsbereich der Gottesmutter, die vom Berühren oder Küssen des Bildes herrühren könnten, wie es für andere Beispiele bezeugt ist (vgl. S. 32/33). Gebrauchsspuren dieser Art dokumentieren das persönliche Gebetverhaltens ihrer Besitzer. Durch sie werden Gebetbücher zu historischen Dokumenten mit doppelter Aussagekraft, die nicht nur von der gelebten Frömmigkeit ihrer Besitzer zeugen, sondern auch von ihrem sich im persönlichen Engagement erneuernden Glauben.

St. Gallen, Stiftsbibliothek
Cod. Sang. 515, S. 38–39
Papier, 185 Seiten
14 × 10 cm
Südwestdeutschland, um 1500

Die Doppelseite zeigt links eine Kreuzigung, rechts eine Pietà. Die beiden Darstellungen bilden formal und inhaltlich eine Einheit. Auffällig sind besonders die Abnutzungsspuren auf der rechten Seite.

I.N.R.I.

Das Gebetbuch von Fürstabt Ulrich Rösch

1472 liess der St.Galler Fürstabt Ulrich Rösch (1426–1491), der erste St.Galler Abt bürgerlicher Herkunft, ein persönliches Gebetbuch herstellen, das als repräsentative Prachthandschrift seine Stellung als Abt und Landesfürst veranschaulichen sollte.[91] Rösch, der nach langwierigen Auseinandersetzungen mit seinem Amtsvorgänger Kaspar von Breitenlandenberg 1463 zum Abt des Klosters bestellt worden war, gelang es, bis zu seinem Tod 1491 die Macht des Klosters weiter auszubauen. Seine Amtszeit war auf weltlicher Seite gekennzeichnet von der Konsolidierung der Klosterfinanzen und dem Ausbau der Landesherrenschaft der Fürstabtei, auf geistlicher Seite von der Erneuerung des Klosterlebens.[92]

Röschs Gebetbuch ist ein einzigartiges Beispiel spätmittelalterlicher Frömmigkeit, für das sich nur schwer zeitgenössische Vergleichsbeispiele finden lassen. Die aufgeschlagene Doppelseite stammt aus dem Hauptteil der Pergamenthandschrift, der einem *Devocionale pulcherrimum* überschriebenen Bild-Gebet-Zyklus gewidmet ist.

In dem Zyklus korrespondiert ein Gebet auf der linken Seite mit dem Bild auf der rechten Seite der Handschrift. Auf der hier gezeigten Doppelseite steht dem Gebet *O rex glorie* ein Pfingstbild gegenüber, das die Ausschüttung des Heiligen Geistes über die Apostel zeigt. Ihnen sitzt die Gottesmutter vor, den Blick fest auf den Betrachter gerichtet, die Hände zum Gebet zusammengelegt. Gemeinsam sollten Text und Bild, die inhaltlich miteinander verbunden sind, dem Betenden helfen, die von ihm in der Andacht geforderte innere Haltung einzunehmen.

Der nach den Eingangsworten als *O altitudo divitiarum* betitelte Meditationszyklus entstand vermutlich um 1150 in einem burgundischen Benediktiner- oder Zisterzienserkloster, und zwar bereits als Text-Bild-Komposition. Deswegen und wegen seiner berührenden, die Betenden emotional ansprechenden Gebete stellte der Gebetszyklus bereits zu seiner Entstehungszeit eine Besonderheit dar. Er ist uns in zwei sehr frühen, kostbaren Privatgebetbüchern überliefert, dem sogenannten Gebetbuch der Hildegard von Bingen und dem Lilienfelder Andachtsbuch. Beide dieser frühen Handschriften ergänzen den Bilderzyklus mit deutschsprachigen Versen.[93] Warum aber der St.Galler Fürstabt mit seinem Gebetbuch den Text-Bild-Zyklus über dreihundert Jahre nach seiner Entstehung wieder aufgriff, ist nicht leicht zu erklären.[94]

Einsiedeln, Stiftsbibliothek
Codex 285, S. 216–217
Pergament, 228 Seiten
16 × 11.5 cm
Wiblingen, 1472

Text und Bild sind in Ulrich Röschs Gebetbuch aufeinander bezogen. Dem Gebet *O rex glorie domine virtutum* auf der linken Seite ist das Pfingstbild auf der rechten Seite beigegeben.

glorie dñe virtutū·
m tua natura ī q̄ pri es
al' impassibil' ī rā q̄
ab assūpsisti fact' es pas
l' q̄ ꝓ piatū ꝑtris hoīb'
petitē mortis antitatū
e omnis clipe mortis m
dens· hui' pocli venena
et pditos hoīes sanasti·
saluatis atq; redeptis
ita dura tāta aspa sustī
olissim' celos ascendisti
ies āglos carne illā eleuās
minarat' es ab eis nec
oēs electos tuos tecū dū
lurima p 9solatōe pegr
tribues· Tu dñe clemētis
anū relinquere: s; mittē i
s spūz veritatis q instruet'
ndi hui' picla tibi soli co
mmoris desiderio illuc
edere q te dm̄ meū et prez
e dñe meū usq; ad co
tuli ut cum districtus
on me districte exa

mines: sed te piū et mitem mihi ostē
deus regni tui cum omnibus electis
tuis coheredem constituas Amen.

4

Privatgebetbücher

Carolin Gluchowski und Stefan Matter

Das Privatgebetbuch erlebte im Spätmittelalter eine Blütezeit. Vom Anfang des 15. Jahrhunderts bis zur Reformation kam es zu einem grossen Produktionsschub, der auch durch die einfachere Verfügbarkeit von Papier begünstigt wurde. Ab 1520 ging dieser wieder zurück. An die Stelle mittelalterlicher Frömmigkeitsformen traten in den protestantischen Gebieten das Lesen aus der volkssprachlichen Bibel und in den katholischen stärker standardisierte Andachten wie die Exerzitien des Ignatius von Loyola.

Privatgebetbücher sind ausgesprochen intime Zeugnisse gelebter Frömmigkeit. Geistliche und Laien, Männer und Frauen, Adelige und Bürger nutzten sie als handliche Instrumente zur Gestaltung ihrer persönlichen Andacht. Anders als das verpflichtende Chorgebet (Offizium) der Geistlichen war das Privatgebet ausserhalb des Gottesdiensts freiwillig. In seiner Gestaltung war es dadurch freier. Dennoch sind Privat- und Chorgebet in ihrer Entwicklung nicht getrennt voneinander zu verstehen, sondern befruchteten sich gegenseitig.

Jedes Gebetbuch enthält eine spezifisch auf die Bedürfnisse seiner Benutzerin oder seines Benutzers zugeschnittene Auswahl anfänglich meist lateinischer, später häufiger auch volkssprachlicher Gebete, Hymnen oder Meditationen. Nicht selten nutzten die Besitzer leergebliebene Seiten, um auf ihnen wichtige Texte handschriftlich nachzutragen. In dem Sinn ist das Privatgebetbuch nie abgeschlossen. Vielmehr zeugt es von der mitunter generationenumspannenden Transformation der gelebten Frömmigkeit, denn nicht selten wurde es als kostbares Erbstück an Familienmitglieder weitergegeben. Und so gleicht kein Privatgebetbuch dem anderen.

In ihrer Gesamtheit geben Privatgebetbücher aber nicht nur einen vielschichtigen Einblick in die zeitgenössische Gebetspraxis, sondern darüber hinaus auch in die mittelalterliche Glaubenswelt. Denn am Übergang vom Spätmittelalter zur Frühen Neuzeit wandelte sich die Glaubenswelt entscheidend. Im 15. Jahrhundert entwickelten breite Kreise der Bevölkerung einen «immense appétit du divin», einen «unstillbaren Hunger nach Gott», wie es der Historiker Lucien Febvre formulierte.[95] Es kam zu einer überbordenden Frömmigkeit, die mit den beiden Begriffen «Verdinglichung» und «Quantifizierung» umschrieben werden kann.[96] Getrieben von einem dem Spätmittelalter eigenen Bedürfnis, sich Gottes Gnade zu versichern, investierten die Gläubigen sowohl materiell als auch ideell in ihr Seelenheil, bis zu einem Punkt, an dem das inbrünstige Heilsverlangen in «etwas Massloses, Übersteigertes, Exaltiertes» umschlug.[97] Die Angst vor Gottes Gericht war allgegenwärtig, und durch häufiges Beten, gute Werke, fromme Stiftungen oder erworbene Ablässe versuchte man, der drohenden Strafe zu entrinnen.[98]

Auch und gerade in den zeitgenössischen Privatgebetbüchern schlägt sich diese Furcht vor der Verdammnis der Seele nieder. Eine gewisse Anzahl verrichteter Gebete verspricht etwa einen Ablass über eine – häufig nicht unerheblich hohe – Anzahl von Jahren im Fegefeuer. Der Grundgedanke der Ablasspraxis war einfach: Ich gebe der Kirche eine gewisse Summe Geld oder verrichte diesen oder jenen Frömmigkeitsdienst und werde dafür von einer entsprechenden Anzahl von Jahren im Fegefeuer freigesprochen. Diese Praxis wurde von den Reformatoren scharf kritisiert.[99]

St. Gallen, Stiftsbibliothek
Cod. Sang. 489, Bl. 58v–59r
Pergament, 89 Blätter
10 × 7.5 cm
Wiblingen, 1484/1485

Die fünfzeilige Rubrik auf der linken Seite leitet den nachfolgenden Text ein. Das erste und das zweite Kreuzwort auf der rechten Seite sind rot unterstrichen.

Sieben Kreuzworte

Auf seinen 89 Blättern versammelt dieses deutschsprachige Andachtsbuch zahlreiche Privatgebete in einer schwäbischen Mundart.[100] Geschrieben wurde es vom Berufsschreiber Simon Rösch (1483–1507), dem leitenden Kalligraphen des Skriptoriums des Benediktinerklosters Wiblingen bei Ulm, der auch das Gebetbuch für Ulrich Rösch geschrieben hat (vgl. S. 46/47).[101] Der stark ansteigende Literaturbedarf im Spätmittelalter hatte die Zahl der Berufsschreiber vermehrt, welche sich ab dem 15. Jahrhundert zunehmend in Schreibersprüchen verewigten, die Ort und Jahr der Fertigstellung des Codex nennen. Wie aber das kleinformatige Gebetbuch, das vermutlich für eine Frau geschrieben wurde, aus dem Wiblinger Skriptorium nach St. Gallen gelangte, ist nicht geklärt.

Aus dem breiten Textfundus, der Gebete an die Jungfrau Maria, zu Heiligen, zur Kommunion sowie weitere Gebets- und Segenstexte umfasst, die von Versen des heiligen Bernhard von Clairvaux begleitet werden, soll hier nur ein Beispiel exemplarisch vorgestellt werden. Die aufgeschlagene Doppelseite (Bl. 58v/59r) zeigt den Anfang des Gebets *Von den sÿben worten, die Cristus an dem hailgen crûtz sprach* (Bl. 58v–61v, vollständiger Text S. 100–101). Das Gebet, von der Sorge um den eigenen Tod getragen, ist vor dem Hintergrund der im Spätmittelalter intensivierten *ars moriendi,* der «Kunst des Sterbens», zu verstehen.[102]

Parallel zur Passionsgeschichte hebt das Gebet sieben Aussprüche Jesu hervor, deren Bedeutung der Text im Anschluss an jedes Kreuzwort erläutert. Mit dem ersten Kreuzwort: *Vatter vergib denen die mich crûtzgend,* bittet Jesus Gottvater um Gnade für seine Peiniger. Das Gebet erinnert die Betenden daran, es Jesus gleich zu tun und alles Unrecht zu vergeben. Mit dem zweiten Kreuzwort: *Hûtt wirst du syn mytt mir ÿn dem paradis,* gibt Jesus dem Verbrecher zu seiner Rechten das Versprechen, mit ihm ins Paradies einzuziehen. Auch die Betenden sollen voller Hoffnung darauf vertrauen, nach ihrem Tod ins Paradies zu gelangen. Das dritte Kreuzwort: *Wib, nÿm nur din sun,* spricht Jesus, als er vom Kreuz herab seine Mutter erblickt, zu der sich, wie der Text empfiehlt, gedanklich auch der Gläubige gesellen soll. Die nachfolgenden Kreuzwörter versprechen dem Gläubigen Hoffnung in der Stunde seines Todes: Das vierte Kreuzwort: *Helÿ helÿ lama sabatoni,* geläufiger in seiner Übersetzung: *Min got, min gott, warumb hast du mich verlaussen,* äussert Jesus in der Stunde seiner grössten Not. Nach dem fünften Kreuzwort: *Mich dûrst,* übergibt Jesus mit dem sechsten Kreuzwort seine Seele in die Hand des Vaters, getragen von der Hoffnung auf das Leben im Paradies: *Vatter, in din hend vnd gewalt enpfilch ich mÿn gaist.* Mit dem siebten Kreuzwort: *Es ist als volbracht,* ist die Kreuzigung vollendet.

Zwischen Gebets- und Gebrauchstext: ein Cisiojanus

Kaum ein Handschriftentyp vermag einen so facettenreichen Eindruck des monastischen Alltags und der spätmittelalterlichen Frömmigkeit zu geben wie die deutschsprachigen Gebetbücher. Jene auch inhaltliche Vielgestaltigkeit spätmittelalterlicher Gebetbuchliteratur wird von der Papierhandschrift Cod. chart. 208 aus dem Kloster Hermetschwil exemplarisch abgebildet.[103] Das sogenannte Hermetschwiler Gebetbuch wurde vermutlich im ersten Viertel des 15. Jahrhunderts von mehreren Händen geschrieben und bestand ursprünglich wohl aus selbständigen Lagen, die erst später zusammengefügt wurden. In der Folgezeit wurde es mehrmals umgearbeitet, einzelne Blätter wurden herausgerissen, neue Blätter eingebunden.[104] Die Spuren davon sind noch heute zu sehen. Sie erinnern an den Umstand, dass Handschriften im Mittelalter häufig umgearbeitet wurden, um sie an veränderte Bedürfnisse ihrer Besitzer anzupassen oder für neue Kontexte zu adaptieren.

Das einfach ausgestattete Gebetbuch versammelt einen bunten Strauss an Texten. Neben zahlreichen Gebeten für unterschiedliche Anlässe, gerichtet an einen breiten Heiligenkreis, finden sich auch mystische Betrachtungen sowie theologische Traktate, beispielsweise die *Hundert Betrachtungen* von Heinrich von Seuse (Bl. 48r–59r) oder die Eucharistie-Schrift von Marquard von Lindau (Bl. 74r–80v). Dazwischen enthält der Band auch Gebrauchstexte mit einem weiten Anwendungsspektrum. Die Textzusammenstellung verdeutlicht, dass Gebetbücher als mittelalterliche «Ratgeber in allen Lebenslagen» weit mehr als nur Gebete beinhalteten. Die Texte reichen von Heilszaubern über Prognostik bis hin zu Gesundheitsregeln.[105]

Zwischen einem Gebet an den heiligen Christophorus (Bl. 29v–32r) und einem Heilszauber (Bl. 35) findet sich auch ein sogenannter «Cisiojanus» (seltener Cisianus) (Bl. 32v–34v), ein Merkgedicht zur Datierung der unbeweglichen Heiligen- und Christusfeste. Der ursprünglich in lateinischen Hexametern verfasste Cisiojanus half den Gläubigen, die Feiertage des jeweiligen Monats besser im Gedächtnis zu behalten. Die Bezeichnung geht auf den Anfang der Januarverse zurück, die an die früher am 1. Januar gefeierte Beschneidung Christi, die Circumcision, erinnert. Im deutschen Sprachraum war der lateinische Cisiojanus seit dem 13. Jahrhundert verbreitet, seit dem 14. Jahrhundert gab es auch deutsche Umdichtungen. Die aufgeschlagene Seite (Bl. 32v) zeigt die Merkverse für die Monate Januar, Februar und März.

Hermetschwil, Benediktinerinnenkloster
Cod. chart. 208, Bl. 32v–33r
Papier, 102 Blätter
14.5 × 10.5 cm
Süddeutschland, 1400/1425

Die Rubriken bezeichnen die einzelnen Monate des Jahres. Auf der linken Seite sind Januar, Februar und März, auf der rechten Seite April, Mai und Juni verzeichnet. Der Haupttext gibt die Merkverse wieder.

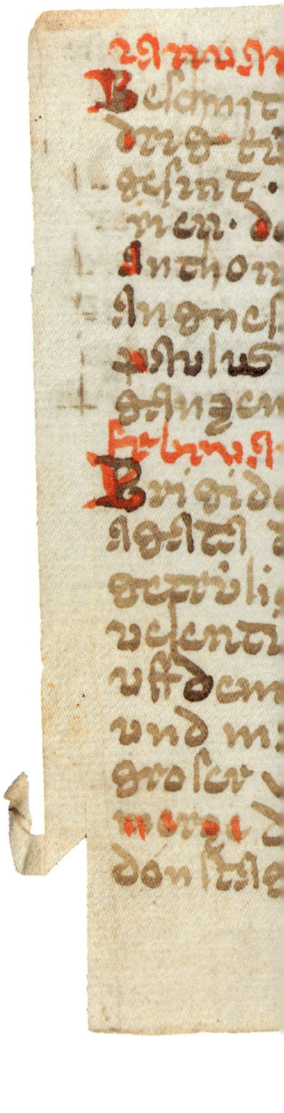

ianu xxx
e dies xxxi tag
da kint
sint erhöhen
stern wiste hila
n anshreellen
sa die selbin
icencien wil sy
tirwzen mit
wen wil warte
xxviii
re blasie sag
hen sprich mit
stat da man
alse iuliane hie
e litzen petrum
lm die usfligent
en merz xxxi
s adrian im
bad gan dem

lerne gregorius sol man der
vm hilgen gerdrut zu gebe
ne gůt. benedictem so wirt
wol maria gemůt rupreht
lieber knecht wol dut Aberel
xxx Aberel unsser
schin ambrosie kan vil lerin der
leret dich da. du solt dir wirt
volgen was. sich tiburcie sin
sich wir fürchten georien und
marken geche ende vital da
wende meig xxx
philippus da crütz kunt sant iohan
sen och und dem si mit gan
gen truwen iunpfrowe sophie
meig du pring lob und gras
dar schnelle nit urban uff dem
wollen arme erdtagen petronelle
iunius xxx dag

Die «Hitze» für die Andacht

Im Spätmittelalter wandelte sich das Konzept des Betens grundlegend. Als Gegentendenz zur Quantifizierung des Glaubens setzte sich nach und nach die Vorstellung durch, dass ein einziges Gebet – wenn mit der richtigen geistigen Haltung gesprochen – die gleiche, wenn nicht sogar eine grössere Wirkung hat als das monotone Herunterbeten des Psalters. Voraussetzung, um Gott im Gebet näherzukommen, war also die fromme Versenkung in die Andacht und die Verinnerlichung des Gebets. Zum entscheidenden Faktor wurde die innere Disposition der oder des Betenden während der Andacht. Doch was denn die «richtige» innere Haltung sei, darüber wurde schon unter Zeitgenossen viel spekuliert.

Texte und Bilder dienten in den Gebetbüchern gleichermassen als Anleitungen, um die oder den Betenden in die rechte Gebetshaltung einzustimmen. Einen Einblick, wie Andachtsanweisung und Gebetstext im spätmittelalterlichen Gebetbuch zusammenspielen, vermittelt das hier gezeigte deutsch-lateinische Privatgebetbuch.[106] Die Papierhandschrift wurde im 15. Jahrhundert angefertigt, mit Blick auf ihren Inhalt vermutlich für eine Beginen-Gemeinschaft, eine klosterähnliche Vereinigung frommer Frauen. Neben Gebeten und Mahnungen zu einer Vielzahl von Anlässen enthält das Bändchen auch eine längere Betrachtung zum *Closter der sel* (Bl. 85r–153v).

Ein am Seitenrand eingenähter grüner Faden, der als Lesezeichen diente und auf das häufige Lesen der Texte hindeutet, markiert die aufgeschlagene Doppelseite des kleinformatigen Büchleins. Auf der linken Seite (Bl. 20v) steht eine kurze Bitte um die «Hitze» für die Andacht. *Ich bit dich herr lieber herr got,* heisst es dort, *daz du mir die hitze gebest die mir die andacht bring.* Die an das Gebet anschliessende Rubrik (Bl. 21r–23r) erklärt die unmittelbaren Vorteile des vorstehenden Gebets für den Gläubigen: *Wer dis gebett bettet [...] dem wider varent xv [15] nutz*, unter denen beispielsweise sogar die Erlassung aller Sünden durch Gott aufgeführt wird (vollständiger Text S. 101–102).

Texte wie diese stellen dem Gläubigen den unmittelbaren Nutzen – oder wie im konkreten Fall die 15 Nutzen – des Betens vor Augen. Sie zeugen zudem von einem sich im Spätmittelalter intensivierenden Partizipationswillen der Laien, die auf ein tieferes Verständnis der ihnen an die Hand gegebenen Texte drängen.

St. Gallen, Stiftsbibliothek
Cod. Sang. 523, Bl. 20v–21r
Papier, 196 Blätter
14.5 × 10.5 cm
Südwestdeutschland, 15. Jahrhundert

Die linke Seite ist am oberen Rand durch einen grünen Faden markiert, der als Lesezeichen diente. Auf der Seite findet sich die Bitte um die «Hitze» für die Andacht. Die rote Unterstreichung auf der rechten Seite hebt den folgenden Text optisch hervor.

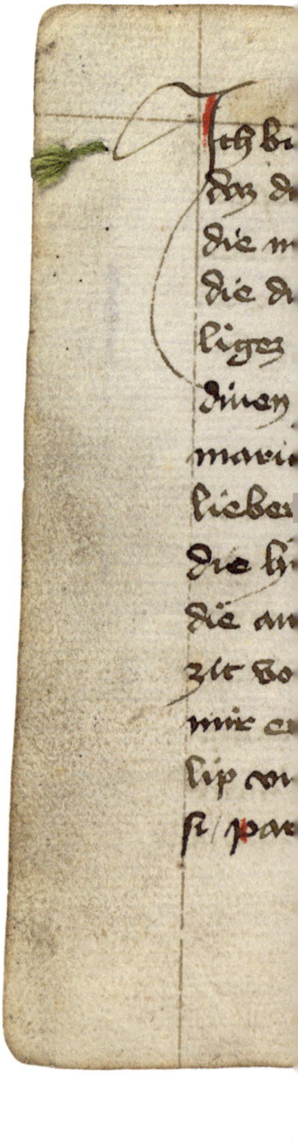

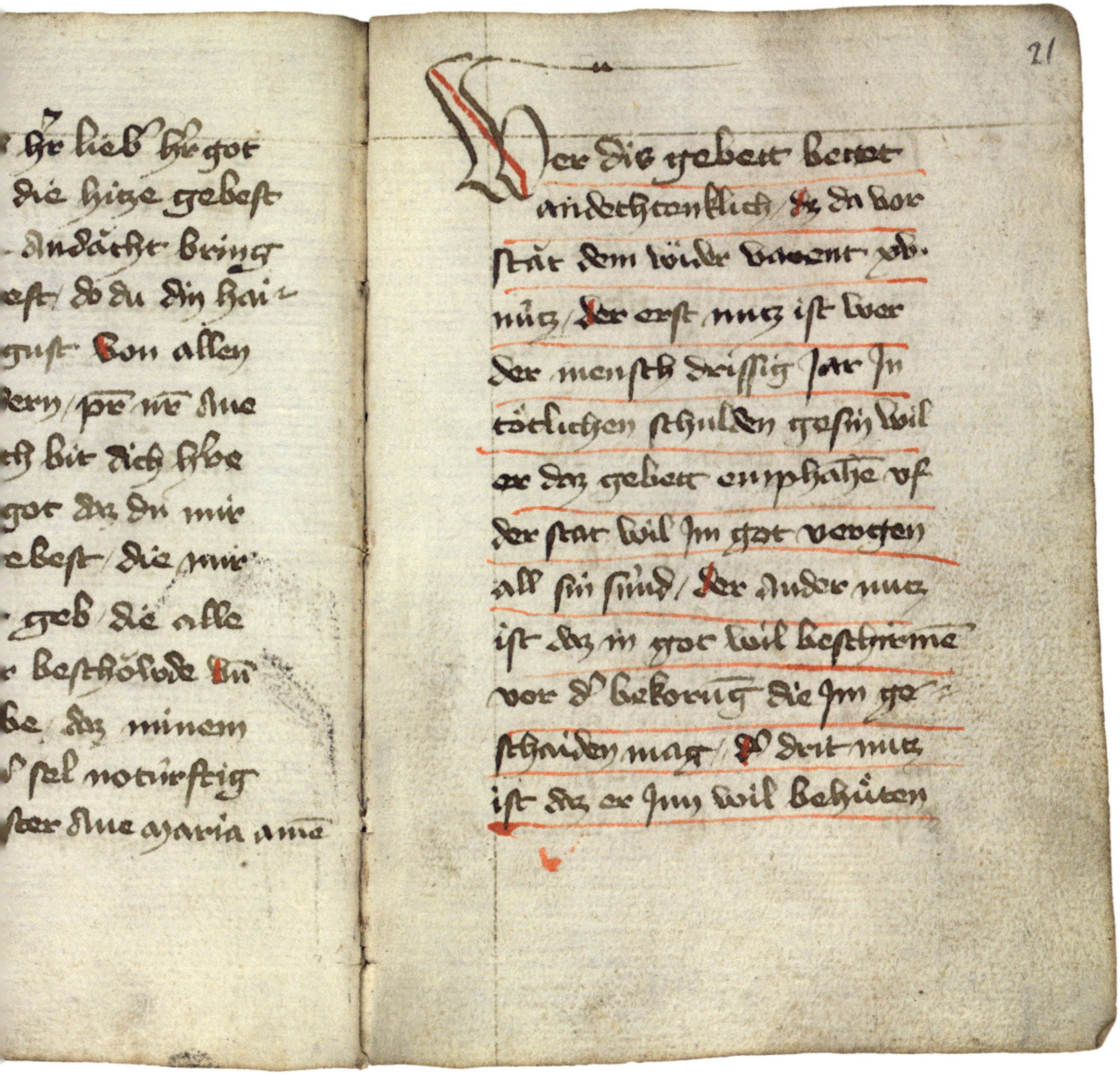
her lieb her got
die hitze gebest
andacht bring
est so du din hai-
gist von allen
dern / pre me dine
ch bit dich liebe
got daz du mir
gebest / die mir
geb die alle
beschöude un
be daz minem
sel notürftig
ster dine maria ame
21
Wer dis gebett bettet
andechtenklich / dz dem vor
stat dem würde drierent ge-
nütz / der erst nutz ist wer
der mensch dreissig jar in
tötlichen schulden gesin wil
er daz gebett enpfahe vf
der stat wil im got vergeben
all sin sünd / der ander nutz
ist daz in got wil beschirme
vor der bekorung die im ge
schaden mag / der dritt nutz
ist daz er jm wil behüten

Familiengeschichte im Gebetbuch

Die kleinformatige, 305 Blätter umfassende Papierhandschrift – einfach, aber sauber geschrieben – enthält einen bunten Strauss an Andachtstexten mit einem Schwerpunkt auf Marien- und Passionsgebeten.[107] Das Andachtsbuch wurde vermutlich Anfang des 16. Jahrhunderts für das Dominikanerinnenkloster St.Katharina in St.Gallen geschrieben. Von dort gelangte es in den Besitz der St.Galler Familie Lendaman und im 18. Jahrhundert in die Stiftsbibliothek St.Gallen.

Von der Besitzgeschichte des Gebetbuchs zeugt ein Eintrag, der von Andreas Lendaman auf der Vorder- und Rückseite des Vorsatzblattes handschriftlich vermerkt wurde. Der nur schwer lesbare Zusatz geht über einen blossen Besitzvermerk hinaus. Vielmehr nutzt hier der Besitzer des Andachtsbuches die leergebliebene Anfangsseite, um wichtige Stationen seiner eigenen Familiengeschichte festzuhalten. Aus den Notizen erfährt der Leser, dass Andreas Lendaman 1571 Barbara Egik (?) heiratete und aus dieser Ehe die Töchter Helene (1572) und Sophya (1574) hervorgingen. Nicht ohne Stolz verzeichnet das Gebetbuch die Paten der Kinder, darunter die Ehefrau des Lehenvogts, Maria Meyerin.

Nachträge wie solche, notiert entweder auf leeren Blättern oder am Blattrand, bilden in Gebetbüchern keine Seltenheit. Neben kurzen Besitzvermerken und nachgetragenen Gebeten finden sich häufig Eintragungen über persönliche Ereignisse, vor allem über Geburt und Tod von Familienmitgliedern, über bedeutungsträchtige historische Vorkommnisse sowie über erwähnenswerte heimatliche Naturkatastrophen.[108]

Derlei Zusätze geben Aufschluss nicht nur über die Buchbesitzer, sondern auch über den Sitz und die Funktion des Gebetbuches in der damaligen Gesellschaft und deren Wandel in Spätmittelalter bzw. Früher Neuzeit. Im Spätmittelalter, und davon zeugt der Band, avancierte das Andachtsbuch vom Gebetbuch zum Familienerbstück, das von einer Generation an die nächste weitergegeben wurde. Als Zeugnis personalisierter Frömmigkeit veranschaulichte es die Familiengeschichte und erinnerte die Folgegenerationen daran, für die bereits verstorbenen Familienmitglieder zu beten.

St.Gallen, Stiftsbibliothek
Cod. Sang. 495,
vorderer Innendeckel und Vorsatzblatt
Papier, 305 Blätter
10 × 8 cm
St.Gallen, Dominikanerinnenkloster St.Katharina, 16. Jahrhundert

Neben Federproben auf der linken Seite findet sich auf der rechten Seite ein längerer Zusatz, der dem Gebetbuch von einer späteren Hand hinzugefügt wurde. Der damalige Besitzer der Handschrift, Andreas Lendaman, fasst hier wichtige Daten der Familiengeschichte zusammen.

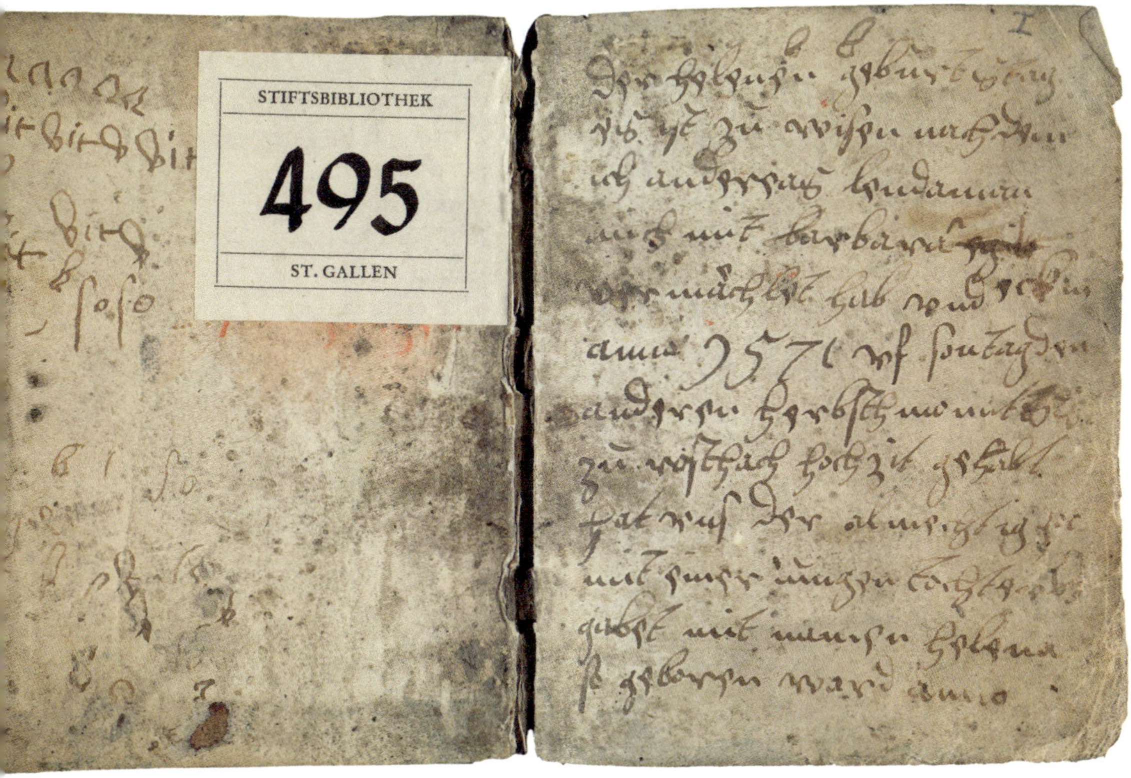
STIFTSBIBLIOTHEK
495
ST. GALLEN

Eine gedruckte Gebetsammlung

Obwohl es schon seit den Anfängen des Buchdruckes um die Mitte des 15. Jahrhunderts gedruckte Gebetbücher in lateinischer und auch in deutscher Sprache gab, entstand erst gegen das Jahrhundertende mit dem *Hortulus animae* eine ernsthafte Konkurrenz für die traditionellerweise handgeschriebenen Privatgebetbücher.[109] Der erste dieser *Hortuli* – der Titel heisst übersetzt «Gärtchen der Seele» – erschien im Jahr 1498 in Strassburg und war rein lateinisch, in den darauffolgenden zwei Jahren erschienen drei weitere Auflagen davon. Der hier gezeigte *Wurtzgarten* von 1501 ist ein seltenes Exemplar der ersten deutschsprachigen Ausgabe.

Alle *Hortulus animae*-Ausgaben enthalten mehr oder weniger dieselbe Textzusammenstellung: Titelblatt, Kalender, Register (Inhaltsverzeichnis), verschiedene an das liturgische Stundengebet angelehnte Gebetsammlungen (sogenannte Offizien), Gebete für einzelne Festtage und zu einer grossen Anzahl von Heiligen (sogenannte Suffragien), Gebete für den Messbesuch und für das Totengedenken, schliesslich zahlreiche Gebete von Autoritätcn für alle möglichen Anlässe sowie eine ausführliche allegorische Messauslegung. Alle *Hortulus*-Ausgaben sind durchgängig mit meist kleinformatigen Holzschnitten bebildert, auch dies eine Eigenheit, die für deutschsprachige Gebetbücher nicht üblich war.[110]

Während die ersten *Hortulus*-Ausgaben für ein gebildetes Publikum gedacht waren, richtete sich die hier gezeigte erste deutschsprachige Ausgabe ganz gezielt an ein Laienpublikum. Alle Texte sind deutsch, und die meisten von ihrem Aufbau her ziemlich komplizierten und voraussetzungsreichen Offizien wurden vom Herausgeber durch einfach zu handhabende Reihengebete ersetzt. Um gleichwohl den Anschluss an die klerikale Gebetstradition sichtbar zu machen, hat der Drucker Johann Grüninger die lateinischen Anfangsworte (Incipits) der Vorlagen an den Rand drucken lassen. Diese aufwendige Form der Textgliederung und der Quellenangabe wurde in den späteren *Hortulus*-Drucken nicht wieder aufgenommen, sie scheint also für die Käufer der Drucke nicht von grossem Interesse gewesen zu sein.

Auf der hier gezeigten Doppelseite aus der Matutin des kleinen Marienoffiziums ist auf diese Weise links der Hymnus *Den erde mer vnd himel all (Quem terra pontus sidera)* ausgezeichnet, ebenso rechts das *Glori sy dir herr vnd er och (Gloria patri)* und der Psalm 8 *O Herr vnser Herr (Domine, Dominus noster).*

Ortulus Anime. Dyses büchlin ein wurtz gart ist Der sel, die sich dar in erfrist In einem schowenden leben Dardurch ir öwigs würt geben.
Druck Strassburg, Johannes Grüninger, 4.3.1501

St. Gallen, Stiftsbibliothek
FF links VI 13, Bl. Xv – XIr
Papier, 276 Blätter
12 × 9.5 cm

D En erde/ mer/ vnd himel all.
Eren/anbetten/verkünden
er die dry bew regiert mit schall
Ließ sich in der arch finden.
ich in Maria schloß ließ tragen

elchen mon/sun/v nd alle ding
Vnder dieust durch zyt sind sagen
it himelscher gnad durch gossen rig
Des töchterlins glyd hond tragen

in selige müter der gab bist
Welcher oberster werckman arch
er welt in der hand bhalten ist
Ist beschlossen in deins lybs sarch.

esegnet vom botten himels geert
Von dem heiligen geist schwanger
on völckern vnd heiden begert
Durch der Marien lyb trang er

aria müter der gnaden rych
Müter der barmhertzikeit auch
u vns beschirm võ dẽ fynd all glych
In der stũd des tods vns empfach
aria iunckfrow überal

Junckfrowen: du vns begerest
Verzyhung aller sünden qual
So du deinen sun miltrest

O iunckfrow durch den sune dein — Per tuum
Den vatter heiligen geist gesendt
Vns bystendig biß im tod sein
Wol bewar vnsers vßgangs end

Glori sy dir herr vnd er och — Gloria
Der bist võ der iunckfrowẽ gborn
Dem vatter vnd heiligẽ geist darnoch
Immer vnd ewig vß erkorn. Amen.

Anti. Du bist geseg. Der. i. Psalm.

O Herr vnser herr wie gar zů ver- — Dñe dñs
wundern ist dein nam vff der gã
tzẽ erdẽ. Dan es ist erhöcht dein groß
derikeit über die himel. Uß dẽ mund
der vnreden kind vnd sugenden hastu
volbracht dz lob deiner fynd halb: vff
das du zerstörest den fynd vñ den rech
er. Dan ich werde sehen dein himel:
die werck deiner finger mon vnd ster-
nen die du hast gebuwet. Was ist der
mensch das du bist sein ingedenckig:

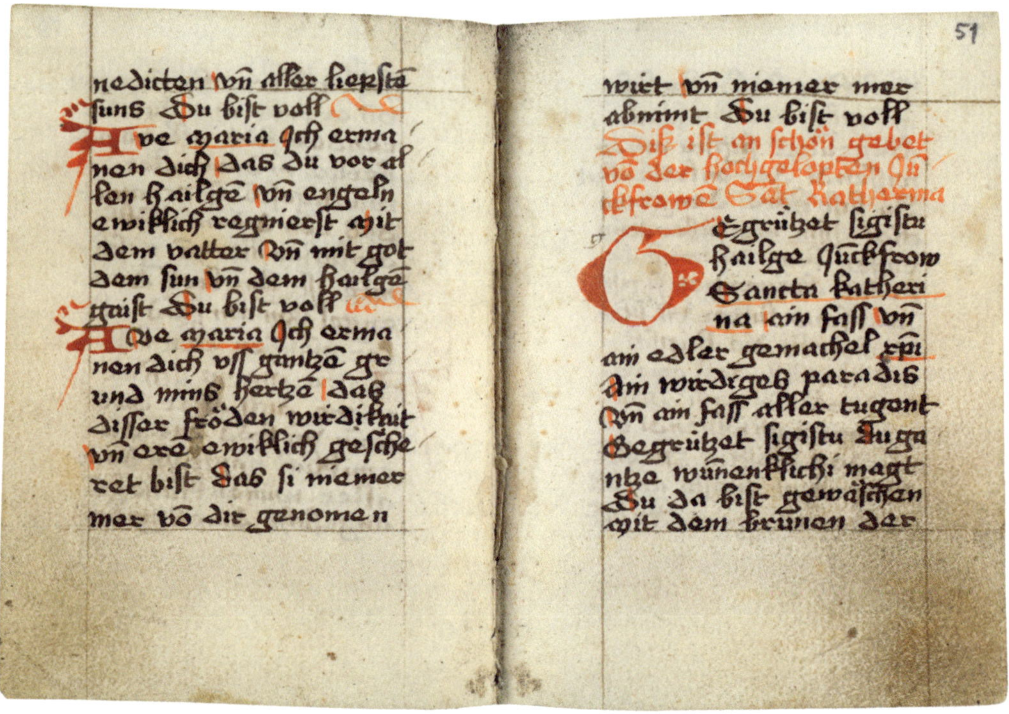
nedicten vn̄ aller liepstē
suns Du bist voll
Ave maria Ich erma
nen dich das du vor al
len hailgē vn̄ engeln
ewiklich regnierst mit
dem vatter vn̄ mit got
dem sun vn̄ dem hailgē
gaist Du bist voll
Ave maria Ich erma
nen dich uss gantzē gr
und mins hertzē dass
disser fröden wirdikait
vn̄ ere ewiklich gesche
ret bist das si niemer
mer vō dir genomen

51
wirt vn̄ niemer mer
abnimt Du bist voll
Diss ist ain schön gebet
vō der hochgelopten Ju
ckfrowē Sāt Katherina
Gegrützet sigistu
hailge Juckfrow
Sancta Katheri
na ain fass vn̄
ain edler gemachel xpi
Ain würdiges paradis
Vn̄ ain fass aller tugent
Begrützet sigistu du ga
ntze wunenklichi magt
Du da bist gewäschen
mit dem brunen der

St. Gallen, Stiftsbibliothek
Cod. Sang. 490, Bl. 50v–51r
Papier, 255 Blätter
10 × 7,5 cm
St. Gallen, Dominikanerinnenkloster St. Katharina, 1450/1500

Die Gebete zu den Heiligen beginnen auf Bl. 51r. Eröffnet wird die Zusammenstellung durch einen Text zur heiligen Katharina von Alexandrien, der Klosterpatronin.

Reform und Schreibkultur im Kloster St. Katharina

Im 15. Jahrhundert wurde der Ruf nach kirchlichen Reformen lauter. Nachdem die Durchsetzung auf der Gesamtkirchenebene am Anfang des Jahrhunderts gescheitert war, reformierten sich immerhin zahlreiche Klöster auf lokaler Ebene. Damit verbunden war neben der Erneuerung der Frömmigkeit oft auch die Intensivierung oder Wiederaufnahme der Schreibtätigkeit. Die Produktion neuer Handschriften sollte sichtbar Zeugnis von der erfolgreichen Wiederbelebung der Klostertraditionen ablegen.[111]

Auch die hier gezeigte Handschrift zeugt von den Reformbestrebungen im Spätmittelalter.[112] Geschaffen wurde sie von Cordula von Schönau, die als Schreiberin vor allem von liturgischen Handschriften für das im Spätmittelalter blühende Dominikanerinnenkloster St. Katharina in St. Gallen in Erscheinung trat, aber auch an der Niederschrift der Chronik des Konvents beteiligt war. Die Klosterüberlieferung gibt einige Anhaltspunkte zu ihrem Lebensweg. Erstmals als Konventualin von St. Katharina erwähnt wurde die Tochter einer Stadtzürcher Patrizierfamilie 1492. Das Kloster setzte im 15. Jahrhundert in mehreren Schritten umfassende Reformen um, in deren Zuge die Klausur verschärft wurde und die Frömmigkeit neue Impulse erfuhr. 1498 wurde Cordula von Schönau, nun als Nonne, mit einem Reformauftrag in das Dominikanerinnenkloster Zoffingen in Konstanz geschickt, wo sie das Amt der Novizen- und Gewandmeisterin übernahm. Dort trug sie massgeblich zum Gelingen der Reform bei. Das Vorgehen war kein Einzelfall: Vielerorts wurden Nonnen aus bereits reformierten Konventen in andere Klöster gesandt, um dort bei der Durchführung der Reform – nicht selten gegen den Widerstand der Konventualinnen – zu helfen. Wenige Jahre später verliert sich die Spur von Cordula von Schönau; 1504 wird sie letztmals erwähnt.[113]

Im Spätmittelalter intensivierte sich die Verehrung der Heiligen, die als Fürsprecher bei Gott in allen Lebenslagen angerufen wurden. Auch die kleinformatige Papierhandschrift zeugt von dieser Entwicklung. In ihr finden sich zahlreiche Gebete zu Heiligen, unter ihnen auffallend viele Frauen mit Vorbildfunktion, etwa die heilige Barbara, die heilige Maria Magdalena und die heilige Elisabeth. Den Anfang der Reihe macht allerdings ein Gebet an die heilige Katharina von Alexandria, die Patronin des St. Galler Dominikanerinnenklosters. Sie gehörte zu den beliebtesten weiblichen Heiligenfiguren des Mittelalters. Die Heilige wurde als Märtyrerin und als eine der vier heiligen Jungfrauen verehrt, die sich Christus versprochen hatten. Ihre Unbeirrbarkeit im Glauben – selbst unter dem Martyrium – diente den Gläubigen als Vorbild.[114]

5

Theorien des Betens

Stefan Matter

Jede Zeit hat ihre eigenen Vorstellungen davon, wie man richtig zu beten habe. Im christlichen Mittelalter herrscht die Vorstellung vor, dass Beten gelernt werden kann und auch gelernt sein will, immerhin wollten ja selbst die Jünger von Jesus im Beten unterrichtet werden, wie Lukas in seinem Evangelium berichtet (Lk 11,1). Der Grundgedanke, dass Beten gelernt werden könne, prägt die mittelalterliche Gebetskultur stark. Die Gebetstheorien gehen davon aus, dass es effiziente und ineffiziente Formen des Gebets gibt. Die theologischen Diskussionen kreisen um Fragen der Effizienz der vorgebrachten Bitten und deren Wirkung auf den Betenden. Hugo von St. Viktor hat als erster mittelalterlicher Theologe eine Rhetorik des Gebets entwickelt, die von enormer Wirkkraft war. Er richtete sich als Theologe an andere Gelehrte, bei denen er selbstverständlich gute Lateinkenntnisse voraussetzen konnte. Er konnte sich auf Fragen des Aufbaus des Gebets konzentrieren und bei seinen Lesern eine gewisse sprachliche Gewandtheit voraussetzen. Sein Traktat enthält daher auch keine vorformulierten Beispielgebete.

In späterer Zeit, als sich vermehrt auch Laien, also geistlich Ungebildete, selbständig über die geschriebene Sprache Gebete und Gebetsformen aneigneten, mussten erst Grundlagen geschaffen werden. In Bezug auf das Beten der Laien drehen sich die theoretischen Überlegungen deshalb eher um den Schutz der Betenden vor unangemessenen Bitten. Als das beste Mittel dazu betrachtete man allgemein die geistliche Bildung. Sie als Grundlage einer wirkungsvollen Gebetspraxis einem Laienpublikum zu vermitteln, unternehmen ausführliche und nicht selten auch bebilderte Gebetsanweisungen in der Volkssprache wie etwa der als Druck erschienene *Schatzbehalter.*

In den Gebetbüchern selbst sind in aller Regel keine theoretischen Texte enthalten. Sie konzentrieren sich vielmehr auf die Gebete selbst, versehen sie jedoch häufig mit mehr oder weniger ausführlichen Gebetsanweisungen. Diese können als Rubriken (mit roter Tinte geschrieben) von den «eigentlichen» Gebeten abgehoben notiert werden und zum Beispiel anmerken, zu welchem Anlass man ein Gebet sprechen soll: Dieses Gebet sprich, wenn du morgens aufstehst, wenn du eine Kirche betrittst oder während der Wandlung in der Messe. Beliebt sind daneben auch Erzählungen, welche die Wirkmächtigkeit eines Gebets begründen: Der Teufel selbst habe dem heiligen Bernhard die wenigen Psalmverse verraten, mit deren Hilfe jedermann sicher in den Himmel komme. In anderen Fällen werden zählbare Elemente zu Trägern von Reihengebetsstrukturen gemacht: Die von Christus vergossenen Blutstropfen, seine Stürze oder auch die Stunden zwischen dem letzten Abschied Christi von seiner Mutter und ihrem Wiedersehen nach der Auferstehung.

ne usq; ad nouissim quadrante desuadem9 Vn at adiungit dimitte nb de
bita nra sic et nos dimittim9 debitorib; nris Vides kme quitu nos totti
diuin9 sermo pstringat dimitte ut dimittat tibi habes aliq debitore
qui i te peccauit q forte i iuria tibi fecit dimitte illi rogati i dulge
posteti parce peniteti ne du denegas pietate fri tibi claudas i dulge
pris Jam v utilissio fine oro sacra gplet orando gtra teptaco et mali
diuig ea Ne i ducas nos i teptatio; s libera nos a malo Induat deus i tept
hoiez tu teptari pmittit teptat at no qi nesciat nesciq huare s suos ut si
deles faciat i stis manifestos sic scptu e vasa figuli pbat fornax hoies
at iustos teptaco tribloi's Sic abraha teptauit i filio et honorauit Sic ja
dando i teptacoes varias pbauit Sic stos apios Sic btissios mres pigne
q; et gladios coronauit Sic q appet adeo teptacoes hu di pucire et dyabol
inch sine pmissioe valere Ergo deus sol adorad e qui pt educe d tept
Educat u cu liberat amalo Amalo at liberat qn sup id qd possu9 nos no
pmittit teptari habetis fres ou su et q debeatis orare et cui gras age et
tu q cupe regnu ut expectare uolutate Deinde q teptacoes et malu cui
sit auxiliu pstolandu Ecce i pauctis ora et i breuitate gpleta Quia q
no difficile distit ymo facile retinet oms hortor ta viros q feias disti
retineat ut et tu sicutis graz dni qua cupitis gseauti int oms stos i hac
pte ore cosono pferre possitis et corde mes dilige ut xps sedes ad dextra
pris i ore vro sua verba videns et i corde vro sua pcepta et hic uos
custodiat et i futo dignos efficiat Jpi gla i scla sclor d uitute orandi
Explicit sermo bti Augustini d orone dnica hugo d sto victore

De uirtute orandi hugo de sancto victore

Quo studio et q affcu an orado sit deus ex mea miseria sit et eig mia gsi
derare possug Et eo efficacig hoiez ad orandi studiu excitaret q miseria
et calamitas tantoz maloz qbg addicta pmit Et q iocudig ad affectu oradi
trahet q mia sui coditoris qua it sua tocies expit Ne q mes hua ad
orandu pigra sit hinc sua ntu gpellit Ne at trepida et diffidens oret illa
pietate dei puocat Jstis duabg alis miseria sz hois et mia coditois oro
sbleuat qz du mes altna hoz gsidarae ad se deuoto i cessat excitat q
spital desiderij impetu sursu leuata volat Hic q oroi sta meditaco ncia
e ut oro pfcta esse oro negat si ea meditaco a no gmittet a pcedat Na
et hy qui mala sua gsidare negligut a mch petedo a a d q oportet petedo
facile pigritiaz fallut a cte mia q oportz digne petedo p desidia tepesc
Ca lu. 2. Primu q nre e ut si prudet et utilr deu orare uolug ingi meditacoe anim
nrem exceam9 et i gsidatoe misie nre discam9 q nb ntre sit petere Jngsi
darate mie dei nri quo desidio debea9 postolare Cogite9 q sit breuis uita nra
q via lubrica q mors i certa Cogitem9 q lugentes i hac uita i rauig cu dolo

St. Gallen, Stiftsbibliothek
Cod. Sang. 288, S. 148
Papier, 308 Seiten
22 × 16 cm
Memmingen (?),
1450/1475

Der Traktat Hugos von St. Viktor beginnt in der Mitte der linken Seite, markiert durch eine Rubrik und eine gleichlautende Marginalie: *De virtute orandi. Hugo de Sancto Victore.*

Eine hochmittelalterliche Gebetsrhetorik

Die Frage, was denn genau ein Gebet ist und wie es verwendet werden soll, hat die Theologen schon immer umgetrieben und tut es noch heute. Das Gebet kann beispielsweise verstanden werden als jede Form der Gottesverehrung (etwa die Liturgie als Ganzes), es kann sich aber auch auf einen konkreten Einzeltext beziehen, wie es der auch heute gängigen umgangssprachlichen Verwendung des Begriffs entspricht. In Bezug auf das Beten als Vorgang konzentrieren sich die theologischen Diskussionen vor allem auf Fragen zur inneren Einstellung des Betenden. Diese beiden Punkte, die Gebetsdefinition und die Gebetspraxis, verknüpfte der prominente Pariser Vordenker Hugo von St. Viktor im 12. Jahrhundert in seinem Traktat *De virtute orandi* und verband sie gleichzeitig mit der antiken Rhetorik, der Lehre also der wohlstrukturierten, adressatengerechten und effizienten Rede. Damit traf er den Nerv der Zeit, was seinem Traktat eine langanhaltende Beliebtheit bescherte.[115]

Auch der hier gezeigte, im 15. Jahrhundert von Mathias Bürer geschriebene Cod. Sang. 288 zeugt davon. Bürer wurde 1427 in Lindau geboren, war zuerst als Priester in verschiedenen Stellungen in Süddeutschland tätig und schliesslich ab 1473 Kaplan in Memmingen, wo er 1485 auch verstarb.[116] Er war also Weltgeistlicher und damit stand ihm keine klösterliche Bibliothek zur Verfügung. Stattdessen schrieb und besass er selbst eine beachtliche Sammlung von Büchern mit vor allem praktisch-theologischer und scholastischer Literatur, die über einige fragmentarisch erhaltene Bücherverzeichnisse noch in ihren Umrissen erschlossen werden kann. Im Jahr 1470 vermachte er seine Bibliothek gegen eine Pfründe dem Kloster St. Gallen. Aus diesem Bestand kommt Cod. Sang. 288.

Der Codex ist eine sorgfältig geschriebene, schmucklose, jedoch klar strukturierte Gebrauchshandschrift. Ihr Format ist etwas grösser als die meisten hier gezeigten Gebetbücher, denn es ist ein Buch, das man nicht überall hin mittragen können musste, sondern in der Studierstube in Ruhe las. Der Text verfügt daher beispielsweise auch über zahlreiche Abkürzungen, die vom Leser bei der Lektüre laufend aufgelöst werden mussten. Das stellte für einen geübten Lateiner wie Bürer keine Schwierigkeit dar, und mit den Abkürzungen sparte er kostbaren Beschreibstoff. In Handschriften, die zum Vorlesen gedacht sind, und in volkssprachlichen Texten wurde hingegen auf Abkürzungen weitgehend verzichtet.

Ein Handbuch für vielbeschäftigte Stadtbürger

Der *Schatzbehalter* gehört zu den aufwendigsten Buchprojekten der Inkunabelzeit. Das Buch ist eine üppig bebilderte Anweisung zum fruchtbaren Gebet aus der Feder des franziskanischen Geistlichen Stephan Fridolin, der hauptsächlich in Nürnberg, für eine kurze Zeit aber auch in Basel wirkte.[117] Er war in seinem Konvent für die Ausbildung der Klosterschüler zuständig, predigte häufig in Frauengemeinschaften und hatte mit dem *Schatzbehalter* schliesslich die Stadtbevölkerung im Blick. Das erklärt den erheblichen Umfang des Werkes, denn nach Ansicht gerade der Bettelorden gehörte eine gründliche und breite heilsgeschichtliche Bildung zu den unabdingbaren Voraussetzungen für ein vorbildliches christliches Leben. Das Buch bietet solche Grundlagen in einiger Ausführlichkeit, versteht sich aber im Kern als Gebetsanleitung. Wie es für diese Textgattung üblich ist, enthält es freilich nur ganz wenige ausformulierte Gebete, vielmehr soll die Fülle an heilsgeschichtlichen Zusammenhängen den Betenden in die Lage versetzen, Gott selbständig in der richtigen Weise anzusprcchcn und zu bitten.

Auch das hier gezeigte Handschema steht im Dienst dieser Aufgabe.[118] Der Hauptteil des *Schatzbehalters* besteht aus hundert sogenannten Gegenwürfen, das sind Gegenüberstellungen der Herrlichkeit Gottes und seiner Erniedrigung, verdeutlicht anhand biblischer Ereignisse. Diese Gegenwürfe solle man in systematischer Weise auf einzelne Stellen *(loci)* der Hände verteilen und Gott im Gebet in der im Holzschnitt dargestellten Handhaltung präsentieren, *dz du also den schatz des kostparn leidenns cristi, durch das du erlöst bist, gleich als in der hand trügst* (Bl. dɪv). Dabei kommen die das Leiden betreffenden Gegenstände des Gegenwurfs nach aussen zu liegen, denn Gott solle gemäss Fridolin immer um seines Leidens – das heisst: um seines Verdienstes – willen gebeten werden. Die hundert Gegenwürfe sind überdies in Zehnergruppen gegliedert und in vielfältiger Weise aufeinander bezogen, so dass die Gegenwürfe eines Fingers, aber auch jene der jeweiligen *loci* der verschiedenen Finger thematisch zusammenhängen. Diese Anordnung macht aus den Händen (und deren graphischer Repräsentation) ein regelrechtes Diagramm.

Stephan Fridolin, Schatzbehalter
Druck Nürnberg, Anton Koberger, 18.11.1491
St. Gallen, Stiftsbibliothek DD mitte VI 6, Bl. e8v–f1r
Papier, 708 Seiten
34 × 25 cm

Die Doppelseite zeigt die beiden ganzseitigen Holzschnitte mit den Handschemata. Im hier gezeigten St. Galler Exemplar sind sämtliche Holzschnitte koloriert, ein Arbeitsgang, der jeweils erst nach dem Kauf des gedruckten Buches separat durchgeführt und bezahlt werden musste.

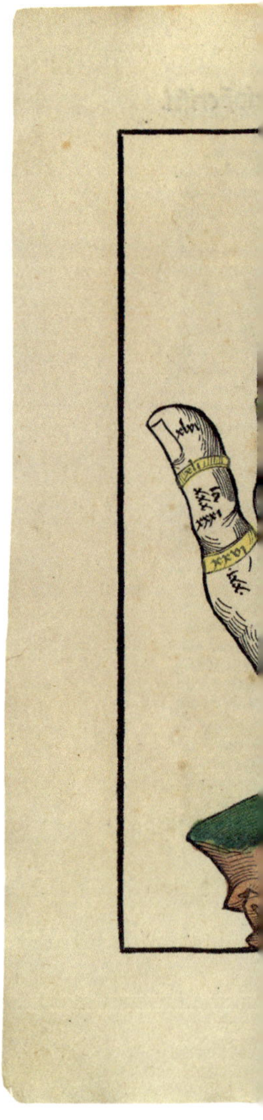

ie linckhand.

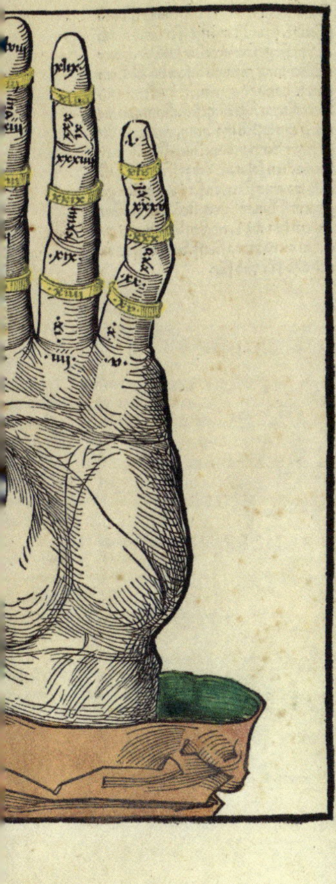

Die rëcht hand

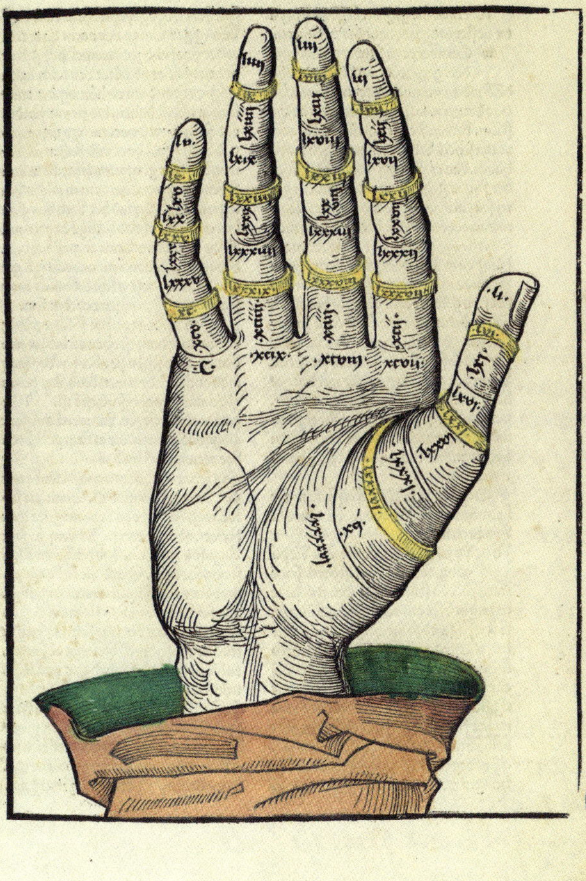

f

Die würdig junckfrow maria erschin
ainem gůten menschen vnd sprach do sich
min kind beraitet zů dem tod zů gond vnd
sich von mir schied vnd mir zwaiß ainander
der gnadeten oder ainander gesegnoten mit
grossem schmertzen vnd vil trehen do warend
von der selben stund bis an die stund das ich

min kind wider lebendig sahe vnd enpfieng
als er frolichen erstund von dem tod Sechzig
stunden Welcher mensch mich der ellenden
schidung hermanet vnd des grossen hertzlaides
das min kind da zwyschend vnd ich sin ellende
můter jn mit lyden herlitten mit Sechzig pr nr
vnd ave maria den

St. Gallen, Stiftsbibliothek
Cod. Sang. 499, Bl. 99v–100r
Papier, 460 Seiten
9 × 7 cm
Südwestdeutschland, 1509

Die linke Seite zeigt den Textbeginn: Die würdig *junckfrow maria erschin ainem guoten menschen und sprach.* Die Handschrift ist sorgfältig geschrieben und durchgängig rubriziert; allerdings sind die sogenannten Auszeichnungsstriche eher zufällig auf einzelne Anfangsbuchstaben verteilt, sie markieren in der Regel keine syntaktischen Einschnitte. Diese dekorative Verwendung der Rubrizierung ist bei Handschriften von geringem Ausstattungsniveau häufig anzutreffen.

Gebetsanweisung nach der Passion

Die kleinformatige, schmucklose Handschrift besteht aus zwei Teilen, die möglicherweise nicht ursprünglich schon zusammengebunden waren. Beide sind in den Jahrzehnten um beziehungsweise nach 1500 geschrieben worden, und verschiedene Einträge weisen auf Frauen als Schreiberinnen und Besitzerinnen in dieser Zeit. Erst im 18. Jahrhundert gelangte das Büchlein in die Stiftsbibliothek, eine typische Besitzergeschichte für Privatgebetbücher dieser Art. Inhaltlich bietet das Büchlein eine bunte Mischung aus Gebeten und Andachten zur Passion und zu Maria.[119] Viele Texte sind ausdrücklich in Hinblick auf den Tod oder gar in der Sterbestunde selbst zu verwenden, das ist ein Schwerpunkt, den viele mittelalterliche Gebetbücher gemeinsam haben.

Zahlreiche Texte der vorliegenden Handschrift benutzen Zahlen als Strukturgerüst, um die Andachtsgegenstände und ihre Verwendung im Gebet zu gliedern. Solche Reihengebete, zu deren bekanntesten der Rosenkranz gehört, waren im ausgehenden Mittelalter überaus beliebt, und häufig erläutern Gebetsanweisungen mehr oder weniger genau, wie der Gebetsvorgang zu gestalten ist.[120] Exemplarisch dafür ist die hier gezeigte kurze Gebetsanweisung (Bl. 99v–100v), die Maria *ainem guoten menschen* selbst mitgeteilt habe. Sie verknüpft die Zahl der Stunden, die zwischen dem letzten Abschied Christi von seiner Mutter und ihrem Wiedersehen nach der Auferstehung verstrichen sein sollen, nämlich sechzig, mit der Aufforderung, ebenso viele Vaterunser und *Ave Maria* zu beten. Wer auf diese Weise Maria an ihr grosses *herczlaid* erinnere, den wolle Maria selbst trösten und ihn bei seinem Tod von allen Nöten befreien.

Die Verbindung von geistlicher Erzählung, Gebetsanweisung und Gebet (hier freilich nur benannt, nicht ausformuliert) in einem einzelnen Text ist gerade in volkssprachlichen Gebetbüchern sehr beliebt. So wird das Gebet nicht nur in der geforderten Form durch erzählte Evidenz autorisiert, sondern es bleibt durch den Erzählrahmen auch leichter in Erinnerung – eine Methode, die sich auch die moderne Didaktik zu eigen gemacht hat.

6

Die Psalmen

Cornel Dora

Das alttestamentliche Buch der Psalmen, auch Psalter genannt, ist bis heute ein einzigartiger Schatz an Gebeten von grosser Eindringlichkeit, theologischer Tiefe und literarischer Qualität.

Es handelt sich um 150 hebräische Gebete in Versen. Gemäss der Tradition sind viele von ihnen um 1000 v. Chr. von König David gedichtet worden, der in der Bibel als Musiker bezeugt ist (vgl. 1 Sam 16,14–23). In Wirklichkeit erstreckt sich die Genese des Psalters aber über fast das ganze erste Jahrtausend vor Christus. Die uns heute vorliegende Form erhielt er wohl erst gegen 200 v. Chr. In Westeuropa haben die Psalmen in der lateinischen oder volkssprachlichen Übersetzung Eingang in die theologische und literarische Kultur gefunden.[121]

104 der 150 Psalmen nennen am Anfang einen Verfasser. Demnach stammen 72, fast die Hälfte, von König David und 26 von drei von David engagierten Sängern: Asaf (12), Korach (11) und Jedutun (3). Zwei stammen von König Salomon und je einer von Mose, Etan – einem weiteren Sänger aus der Zeit Davids – und Heman, einem Weisen, Sänger und Musiker.[122]

Der Psalter ist ein grossartiges Gebet- und Meditationsbuch, in dem sich Inhalte mischen und abwechseln, «ein Spiegel der unsystematischen, ja widersprüchlichen Vielfalt des Lebens selbst, das in den sich immer neu und anders einstellenden Konstellationen mit Lob, Klage, Dank, Bitte, Reflexion, Zeugnis u. a. ausgehalten werden soll.»[123]

Das Wort «Psalm» oder «psallieren» wird im Neuen Testament elf Mal verwendet, und es lassen sich auch zahlreiche Psalmenzitate nachweisen.[124] Zur Zeit Jesu bildete der Psalter also einen wichtigen Teil des praktizierten jüdischen Gebetsschatzes.

Im Christentum sind die Psalmen bis heute von grosser Bedeutung. Dazu hat der Benediktinerorden wesentlich beigetragen. Kapitel 18 der Benediktsregel legt fest: «Doch achte er [derjenige, der die Gebetsordnung festlegt] unter allen Umständen darauf, dass jede Woche der ganze Psalter mit den 150 Psalmen gesungen und zu den Vigilien am Sonntag stets von vorn begonnen wird.»[125] Gemäss einem Bericht von Ekkehart IV. († um 1060) befanden sich im späten 9. Jahrhundert 13 illuminierte Psalmenbücher im Chor des Klosters St. Gallen (*Casus sancti Galli*, Kap. 42).[126]

Die Praxis des Psalmensingens hat für die Benediktiner bis heute nichts an Sinn verloren, wie der frühere Abtprimas der Benediktiner, Notker Wolf, festhält: «Die Wiederholung der Psalmen jede Woche ist alles andere als langweilig: Wir wachsen tiefer hinein, es ist wie bei einer Spirale. Unser Gebet wird angereichert durch unsere Alltagserfahrungen.»[127]

Drei Beispiele, die in der Leidensgeschichte Jesu zitiert werden und alle David zugeschrieben werden, sollen einen Eindruck von der ungebrochenen Bedeutung der Psalmen geben.

«Ich wasche meine Hände in Unschuld» – Psalm 26

In der Gerichtsszene vor der Misshandlung und Kreuzigung Jesu tritt der römische Statthalter Pontius Pilatus vor die Menge und versucht sie davon abzubringen, für den Angeklagten den Tod zu fordern. Als ihm das nicht gelingt, entschliesst er sich, dem Druck nachzugeben. Dabei wäscht er seine Hände. Der Evangelist Matthäus berichtet: «Als Pilatus sah, dass er nichts erreichte, sondern dass der Tumult immer grösser wurde, liess er Wasser bringen, wusch sich vor allen Leuten die Hände und sagte: Ich bin unschuldig am Blut dieses Menschen. Das ist eure Sache!» (Mt 27,24). Darauf liess er Jesus geisseln und kreuzigen (Mt 27,26).[128]

Damit hat der Evangelist ein überaus anschauliches Bild für das Ärgernis eines Richters geprägt, der sich seiner Verantwortung entzieht, seine Pflicht pervertiert und einen Angeklagten dem Unrecht ausliefert. Bis heute hat die Stelle an Aktualität nichts verloren. Das Wort «Ich wasche meine Hände in Unschuld» hat Eingang in den Schatz der Redewendungen der christlichen Welt gefunden. Selbst die Rolling Stones nehmen in ihrem Rocksong *Sympathy for the Devil* aus dem Jahr 1968, in dem sie verbrecherische Schandtaten der Geschichte aneinanderreihen, darauf Bezug.[129]

Der Satz, der im Zusammenhang mit den israelitischen Reinheitsgeboten zu lesen ist und diese mit ethischer und rechtlicher Reinheit verbindet, wurzelt in den Psalmen 26 und 73 (Ps 26,6 und 73,13). In Psalm 26 (vollständiger Text S. 96), auf den wir uns hier konzentrieren, geht es nicht wie bei Matthäus um einen Richter, sondern um einen Menschen, der gegenüber Gott seine Unschuld beteuert und betont, dass er im Einklang mit den rituellen Regeln steht und handelt.[130]

Eine der ältesten lateinischen Überlieferungen der Psalmen befindet sich im Abba-Ababus-Glossar der Stiftsbibliothek, Cod. Sang. 912. Sie stammt aus dem 5. Jahrhundert.[131] Die Handschrift ist auch deshalb interessant, weil sie im vom Lehrer von Gallus, Kolumban, gegründeten Kloster Bobbio entstanden ist. Zudem handelt es sich um ein Palimpsest, bei dem ein Bündel bereits einmal beschrifteter Pergamentblätter wiederverwendet wurde.

Der Psalmentext ist als untere Schrift einigermassen gut erkennbar geblieben, obwohl er im 8. Jahrhundert mit einem Wörterbuch überschrieben wurde. Sehr schön ist das gerade bei diesem Psalm ersichtlich. Quer zur normalen Schriftrichtung sind die Verse 4 bis 12 von Psalm 26 über die beiden Seiten lesbar. Beginnend auf Zeile 5 von rechts lesen wir: *Lavabo cum innocentibus man[us] meas.* «Ich werde meine Hände mit den Unschuldigen waschen.»[132]

St. Gallen, Stiftsbibliothek
Cod. Sang. 912, S. 158–159
Pergament, 320 Seiten
12 × 9 cm
Kloster Bobbio,
unterer Text 5. Jahrhundert,
oberer Text 8. Jahrhundert

Der Text quer zur normalen Schriftrichtung und von rechts beginnt wie folgt:
... et cum iniqua [gerentibus non] introibo
odiui congregationem maligna[n]tium et cum impiis non sed[ebo]
lauabo cum innocentibus man[us] meas et circumdabo altar[e] tuum domine.

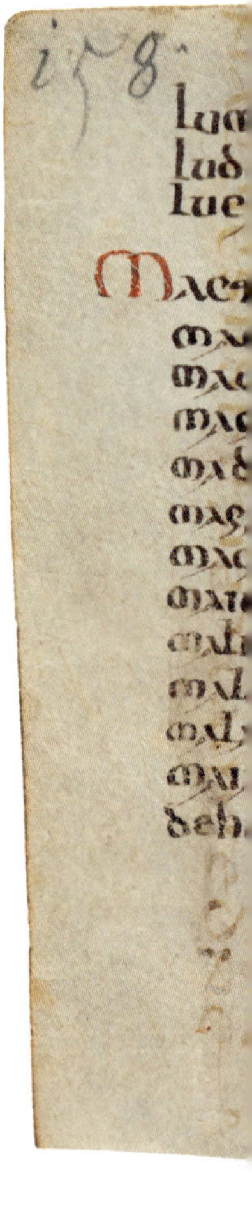

ruo diro haec truculentū
ludibriū turpe ꝉ uultū
ipse ꝯsurgens sibi ipse libꝫ

magis aut tam magis
exiguitas corporis
macedones
loca pastorarum
humet
fortis
lapis qui ferrū rapit
plus amplius
ici mala granata
mollities ḡre
herba uenenosa
porcus pinguis eo quod
e sacrificabantur

P̄ SVSCEPTIONE MATVTINA PSALMVS DAVID.
Hier singet der pphета passionē dni · umbe den anfang dero
uohtun · daz chit umbe dia resurrectionē · ze dero diu pas
sio ramet · an dero er anderest unsera naturam infieng · ūn
in corruptibilē uuortena · DERELIQVISTI
D S DS MEVS RESPICE IN ME QVARE ME
Sus haret xpc in cruce ze sinemo fater · Got.
Got miner · sih an mih · Ziu ferliezze du mih ·
Samo so er chade · Vuoltist du mir fore sin ·
so ne lite ih sus lih · Diu chlaga ist secdm homi
nem · Vuaz ist diz · ane daz er chat ebraice · HELI · HELI ·
LAMA · SABACTANI · i · Longe a salute mea · uerba delictorū
meorum · Ferro sint fone minero heili · missetatigiu uuort ·
Andero minero uuorten · sint missetate nals an minen · An in
bin ih sundig · Ds ms clamabo p diē · nec exaudies · Got miner ·
ih haren dir be tage · daz ne gehorest du · So uuio ih der
tag si · du ne gehorest mih · umbe calicē mortis · Du ne irlazen
mih · ih ne trinche in · Et nocte · et non ad insipientiam · Noh
an dien minen gehorest du mih nahtes · daz chit in iro noten
unde daz ist in zeheili · nals ze unuuizzen · Paulus pitet dih
insipienter umbe stimulum carnis · denne gehorest du · umbe
sina salutem · Tu autē in sco habitas laus israhel · Aber du buest
in dinemo heiligen sune · lob israhelis · doh du sina beta ne
gehorest · In te sperauerūt patres nri · sperauerūt · et liberasti eos ·
Unsere forderen dington an dih · unde du lostost sie · also du
tate filios isrl de egypto · unde danihelē de lacu leonum · un

St. Gallen, Stiftsbibliothek
Cod. Sang. 21, S. 64
Pergament, 578 Seiten
31 × 24 cm
Kloster Einsiedeln,
12. Jahrhundert

Notker zu Psalm 22 (gemäss alter Nummerierung hier Psalm 21):
Hiêr singet der propheta passionem domini, umbe den ántfang déro uôhtun, daz chit umbe dia resurrectionem, ze déro diû passio râmet, an déro er anderest únsera naturam infieng, iû incorruptibilem uuórtena. Deus deus meus. Respice in me. Quare me dereliquisti? Sús háret Christus in cruce ze sînemo fáter. Gót, Gót mîner, sih án mih. Ziu ferliêze du mih? Sámo so er cháde: Vuóltist du mir fóre sin, so ne líte ih suslîh. Diû chlága ist secundum hominem. Vuaz ist diz, ane daz er chat ebraice? Hel.i. Hel.i. Lama Sabactani.

«Hier besingt der Prophet die Leidensgeschichte des Herrn und davon, die Morgendämmerung in Empfang zu nehmen, das bedeutet, die Auferstehung, auf die die Passion hinzielt, an der er zum zweiten Mal unsere Wesenheit empfing, die schon unverweslich geworden war. Gott, mein Gott! Blick auf mich! Warum hast du mich verlassen? So schreit Christus am Kreuz zu seinem Vater: Gott, mein Gott, blick auf mich! Warum verliesst du mich?, so als ob er sagen würde: Wenn du mir beistehen wolltest, würde ich nicht so leiden. Diese Klage steht in Übereinstimmung mit dem Menschen [als Wesen, dessen Gestalt Gott in Christus angenommen hat]. Was ist dies anderes, ausser dass er es hebräisch sagte? Heli Heli Lama Sabactani.»

«Mein Gott, mein Gott, warum hast du mich verlassen?» Psalm 22

Existiert Gott überhaupt? Ist er tatsächlich der warme Mantel, den ich anziehen kann, wenn ich friere? Oder ist er eine Illusion, die ich mir selber mache, widerlegt durch Vernunft und Erfahrung?

Solche Fragen treiben die Menschen um, seit sie denken können. Zwar haben Atheismus und Freidenkertum heute einen grösseren gesellschaftlichen Stellenwert als früher, aber die Verneinung Gottes gab es schon immer und in den verschiedensten Formen und Farben.[133] Der Gotteszweifel sitzt gewissermassen in unserer Existenz. Und jedes Gebet wäre dumpf, wenn er nicht in irgendeiner Form darin schweben würde.

Diesem Gotteszweifel begegnen wir in Psalm 22: «Mein Gott, mein Gott, warum hast du mich verlassen, bleibst fern meiner Rettung, den Worten meines Schreiens? Mein Gott, ich rufe bei Tag, doch du gibst keine Antwort; und bei Nacht, doch ich finde keine Ruhe.» (Ps 22,2–3, vollständiger Text S. 95–96)[134] Die doppelte Anrede am Anfang rüttelt auf. Weitere drastische Bilder der Not folgen und belegen die menschliche Erfahrung, von Gott im Stich gelassen zu werden. Als Text eines Glaubenden finden die Psalmverse im zweiten Teil freilich zurück zu Gottvertrauen und Heilszuversicht: «Du hast mir Antwort gegeben.» (Ps 22,22)

Markus und in seinem Gefolge Matthäus zitieren den anklagenden Anfang von Psalm 22 eindringlich an einer Schlüsselstelle ihrer Evangelien, nämlich bei den Schreien Jesu am Kreuz vor seinem Tod: «Und in der neunten Stunde rief Jesus mit lauter Stimme: *Eloï, Eloï, lema sabachtani?,* das heisst übersetzt: Mein Gott, mein Gott, warum hast du mich verlassen?» (Mk 15,34 und Mt 27,46)[135] Die Wiederholung des aramäischen *Eloï, Eloï* betont den Satz als authentischen Schrei, und die Wiederholung des Vokals a bei *sabachtani* lässt uns diesen buchstäblich hören.

Die anderen zwei Evangelisten, Lukas und Johannes, liessen diesen Schrei weg, weil sie ihn offenbar unerträglich fanden. Bei Lukas heisst es: «Vater, in deine Hände lege ich meinen Geist» (Lk 23,46, vgl. S. 76–77) und bei Johannes «Es ist vollbracht!» (Joh 19,30). Markus und Matthäus zeigen jedoch Jesu Leiden am Kreuz in besonders greller Beleuchtung.

Der St. Galler Mönch und Lehrer Notker der Deutsche († 1022) zählt zu den grossen Gelehrten des Mittelalters. Er war nicht nur der wichtigste Übersetzer in die althochdeutsche Sprache, sondern auch der erste, der sich im lateinischen Mittelalter nach Boethius eingehend mit Aristoteles befasste. Seine kommentierte Übersetzung des Psalters ins Althochdeutsche ist in einer Einsiedler Handschrift aus dem 12. Jahrhundert (Cod. Sang. 21) überliefert. Notker hat Psalm 22 nicht nur übersetzt, sondern er versah ihn zudem mit ergänzenden Bemerkungen, die den Text christlich deuten (vgl. Randspalte).[136]

«In deine Hände lege ich meinen Geist» – Psalm 31

St.Gallen, Stiftsbibliothek
Cod. Sang. 20, S. 61
Pergament, 326 Seiten
30.5 × 23.5 cm
Kloster St.Gallen, Wolfcoz, 820/830

Schliessen wir unser Kapitel zu den Psalmen mit einem dritten Zitat aus der Karwoche. Diesmal sind es die bereits erwähnten letzten Worte Jesu am Kreuz nach dem Evangelisten Lukas: «Und Jesus rief mit lauter Stimme: Vater, in deine Hände lege ich meinen Geist. Mit diesen Worten hauchte er den Geist aus.» (Lk 23,46) Jesus zitiert dabei Vers 6 aus Psalm 31 (vollständiger Text S. 97).[137] Der erste christliche Märtyrer Stephanus stirbt mit ganz ähnlichen Worten, diesmal aber an Jesus gerichtet: «Herr Jesus, nimm meinen Geist auf!» (Apg 7,59)[138]

Psalm 31 wird als Bitte, Klage und Dank eines geretteten Menschen gedeutet, wobei manche Verse Wendungen aus anderen Psalmen und biblischen Büchern aufnehmen. Der letzte Vers (25) legt nahe, dass im Psalm ein Betender zu einer Gruppe von Menschen spricht. Dabei verbindet er Klage und Lob zu einem Gebetslied mit drei Teilen: Lob und Dank (Verse 1–9), Klage (Verse 10–19) und Lob und Dank (Verse 20–25).[139]

Mit der Übernahme von Vers 6 aus Psalm 31 für die letzten Worte Jesu setzt Lukas einen deutlichen Gegenpunkt zu Matthäus. Denn hier geht es ganz anders als in Psalm 22 um das Vertrauen in einen guten und treuen Gott, der den Beter auch in einer äussersten Notsituation nicht verlässt: «In deine Hand lege ich voll Vertrauen meinen Geist; du hast mich erlöst, HERR, du Gott der Treue.»

Psalm 31 enthält in Vers 1 noch eine weitere Stelle, welche bekannt geworden ist: *In te, Domine, speravi; non confundar in aeternum* ist als letzter Vers ins *Te Deum* eingeflossen, einen christlichen Gesang aus dem 4. Jahrhundert, der vielfach vertont wurde, unter anderem durch Anton Bruckner.[140] Die deutsche Übersetzung des Originalverses lautet: «HERR, bei dir habe ich mich geborgen. Lass mich nicht zuschanden werden in Ewigkeit.» (Ps 31,1)

Wir sehen hier den Anfang von Psalm 31 in einer der frühesten St.Galler Psalmenhandschriften, dem ehrwürdigen Wolfcoz-Psalter (Cod. Sang. 20). Der Psalm beginnt in der unteren Hälfte, eingeleitet durch eine Überschrift in Capitalis rustica, gefolgt von einer rot konturierten, gelb und blau ausgemalten Initiale für den Buchstaben I, der zum Text *In te domine speravi* in alemannischer Minuskelschrift überleitet.

Der Kodex ist wohl um 820/830 entstanden und wird aufgrund einer allerdings ein halbes Jahrhundert späteren Eintragung mit der Bitte um Bewahrung am Ort dem St.Galler Schreiber Wolfcoz zugeschrieben. Nach ihm ist eine Gruppe von gegen 20 Manuskripten aus dem Kloster St.Gallen in alemannischer Minuskel benannt.[141] Die Handschrift dürfte eines der 13 illuminierten Psalterien gewesen sein, die sich um 900 im Chor des Gozbertmünsters befunden haben sollen (*Casus sancti Galli*, Cap. 45, vgl. S. 71).

Susceptor omniū clementissime ds ne pmittas delectari inimicos nros sup nos. s; ita nos
tua uirtute corrobora. ut cōuerso planctu nro in gaudiū. sctatis tue memoriā iu
giter excolam⁹. P.

Numquid confitebitur tibi puluis :
aut adnuntiabit ueritatem tuā .:
Audiuit dns & misertus ē mei :
dns factus ē adiutor meus .:
Conuertisti planctum meum in
gaudium mihi : conscidisti sac
cū meum & circū dedisti me lętitia .:
Ut cantet tibi gloria mea & non con
pungar : dne ds meus in æter
num confitebor tibi .:

IN FINEM PSALMUS DAUID XXX.

In te dne speraui non confundar
in aeternum : in iustitia tua
libera me .:
Inclina ad me aurem tuam : ac
celera ut eruas me .:
Esto mihi in dm protectorem :
& in domum refugii ut saluum
me facias .:
Quō fortitudo mea & refugium

7

Sonderformen

Stefan Matter

Neben dem regulierten, gemeinschaftlichen Gebet der Kleriker und dem freieren Gebet des Einzelnen gab es im Mittelalter und der frühen Neuzeit eine reiche Blüte an Sonderformen des Betens, die teilweise jahrhundertelange Traditionen ausgebildet haben. Einige davon, etwa der Rosenkranz, sind bis heute beliebt geblieben.

Eine breit angelegte und überregional verbindende Gebetspraxis begegnet uns in den klösterlichen Gebetsverbrüderungen des Frühmittelalters. Listen der Mönche und Nonnen befreundeter Konvente, aber auch Wohltäter wurden in sogenannte Verbrüderungsbücher eingetragen und so ins gemeinschaftliche Gebet eingeschlossen. Die Ernsthaftigkeit der Gebetsverbrüderungen wird unterstrichen durch den Umstand, dass dazu auch Verträge abgeschlossen wurden. Die Mönche gingen also eine (kirchen)rechtlich sanktionierbare Verpflichtung ein, so wie auch bei der durch das klösterliche Gelübde eingegangenen Verpflichtung zum Chordienst *(officium divinum)*. Der älteste solche Vertrag ist im frühmittelalterlichen Kapiteloffiziumsbuch der Stiftsbibliothek St.Gallen überliefert. Zwei der sieben heute noch erhaltenen Verbrüderungsbücher des Frühmittelalters befinden sich im Stiftsarchiv.

In der Tradition der frühmittelalterlichen Gebetsverbrüderungen standen die Gebetsbruderschaften des Spätmittelalters, in denen das Ideal des gemeinschaftlichen und möglichst immerwährenden Betens aus den geistlichen Konventen in das gemeine Volk übertragen wurde. Sie erlebten nach der Reformation in den katholischen Gebieten eine Renaissance, wobei in der Innerschweiz die Rosenkranz-Bruderschaft die mit Anstand bedeutendste war. Sie wurde im Zug der Katholischen Reform in der Innerschweiz in zahlreichen, im Gebiet der Fürstabtei St.Gallen bis ins 18. Jahrhundert in allen katholischen Pfarreien eingeführt.[142] Der Rosenkranz hat seine Ursprünge im Kartäuserorden des 14. Jahrhunderts und breitete sich sehr rasch über ganz Europa aus. Es handelt sich um ein Reihengebet, das – zumal in der Volkssprache – auch für Laien leicht zugänglich war und daher in Gebetbüchern häufig anzutreffen ist.

Sich vor einer gefährlichen Unternehmung betend an Gott als schützende Macht zu wenden, ist eine der Grundfunktionen von Gebeten. In dieser Tradition stehen beispielsweise mittelalterliche Schlachtgebete, welche die eidgenössischen Heere vor oder nach ihren Schlachten gemeinsam verrichtet haben. Auch die Ritter der höfischen Romane des Mittelalters hören vor der Turnierteilnahme oder der Schlacht üblicherweise zuerst eine Messe. Für die Eidgenossen, speziell die Innerschweizer Orte, spielte seit dem späten Mittelalter das gemeinschaftlich verrichtete *Grosse Gebet der Eidgenossen* eine zentrale Rolle im öffentlichen Leben, eine umfangreiche Gemeinschaftsandacht in der Volkssprache, die uns aus dem 16. Jahrhundert überliefert ist, aber sicher schon im 15. Jahrhundert existierte.

Gebetsverbrüderungen

In der karolingischen Zeit verbreitete sich der Brauch der Gebetsverbrüderungen von geistlichen Konventen.[143] Durch diese verpflichteten sich die Geistlichen in vertraglicher Form zu bestimmten Gebetsleistungen und manchmal auch zu sozial-karitativen Leistungen im Todesfall eines einzelnen Mitgliedes der Gemeinschaften. Der hier gezeigte Verbrüderungsvertrag zwischen dem Kloster St.Gallen und jenem auf der Reichenau aus dem Jahr 800 gilt als der älteste überhaupt. Bereits wenige Jahrzehnte später spannt sich ein dichtes Netz von Gebetsverbrüderungen über das ganze fränkische Reich.

Der Cod. Sang. 915 ist ein sogenanntes Kapiteloffiziumsbuch, in ihm sind also alle die Texte aufgezeichnet, welche die Mönche für das üblicherweise nach der morgendlichen Prim gefeierte *officium capituli* brauchten.[144] Die Handschrift wurde spätestens im 11. Jahrhundert aus älteren Teilen zusammengestellt. Seit dem Aachener Konzil von 817 hatte im Kapiteloffizium das Totengedenken seinen Platz, neben der Lesung von Abschnitten aus einer monastischen Regel oder aus Homilien und der Erinnerung an den Tagesheiligen. Die Textzusammenstellung der Handschrift spiegelt diesen Gebrauch, denn sie überliefert die Benediktsregel und eine Reihe weiterer Regeltexte (S. 27–242), ein Martyrologium mit einem komputistischen Anhang (S. 243–297) sowie einen Nekrolog, also ein Verzeichnis der verstorbenen St.Galler Mönche (S. 298–353). Vorangeheftet ist eine Sammlung hauptsächlich von Verbrüderungsverträgen (S. 1–26), in welcher jener mit dem Reichenauer Konvent gleich zweimal enthalten ist, einmal noch ergänzt um im Jahr 945 zusätzlich aufgenommene Gebetsverpflichtungen. In die vorliegende Handschrift wurden die Verträge im 10. und 11. Jahrhundert eingetragen. Das zeigt, dass die Verträge tatsächlich über viele Jahrhunderte hinweg im Kloster eingehalten worden sind. Davon zeugt auch eindrücklich das St.Galler Verbrüderungsbuch (Stiftsarchiv St.Gallen, C3 B55), das ab dem frühen 9. Jahrhundert bis ins 14. Jahrhundert fortgeführt wurde und insgesamt die Namen von rund 15'000 Personen enthält, die in das liturgische Gedenken der St.Galler Mönche aufgenommen wurden.

Die Gebetsleistungen im Vertrag mit dem Reichenauer Konvent vom Jahr 800 waren nicht gering. So verpflichteten sich die St.Galler Mönche beispielsweise dazu, beim Eintreffen der Nachricht vom Tod eines Bruders aus dem Nachbarkloster gemeinsam ein Messopfer zu feiern, die Priester unter den Mönchen sollten drei Privatmessen lesen, die übrigen Brüder einen Psalter beten. Weitere Messen und Gebete sind für den siebten und den dreissigsten Tag nach dem Ableben vorgeschrieben, desgleichen sollte der Mitbruder in das Totengedenken aufgenommen werden, das den St.Galler Verstorbenen selbst zukommt.

St.Gallen, Stiftsbibliothek
Cod. Sang. 915, S. 24–25
Pergament, 353 Seiten
24 × 18 cm
Kloster St.Gallen, Mitte des 9. Jahrhunderts, Nachträge des 10. und 11. Jahrhunderts

Die Doppelseite zeigt auf der linken Seite (S. 24, erste Hälfte 11. Jahrhundert) einen komputistischen Text von Walahfrid Strabo und auf der rechten (S. 25, 10. Jahrhundert) den Beginn der Textaufzeichnung des Vertrags.

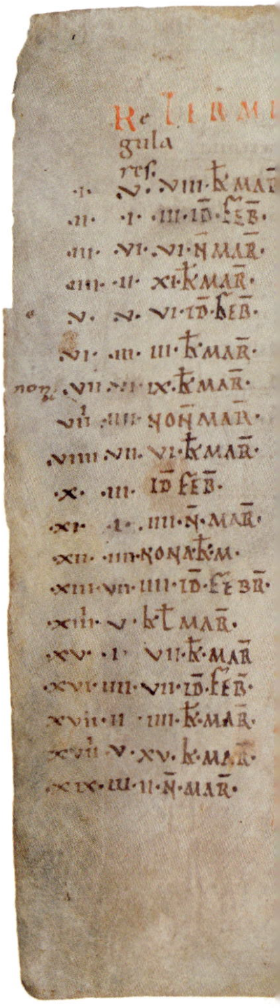

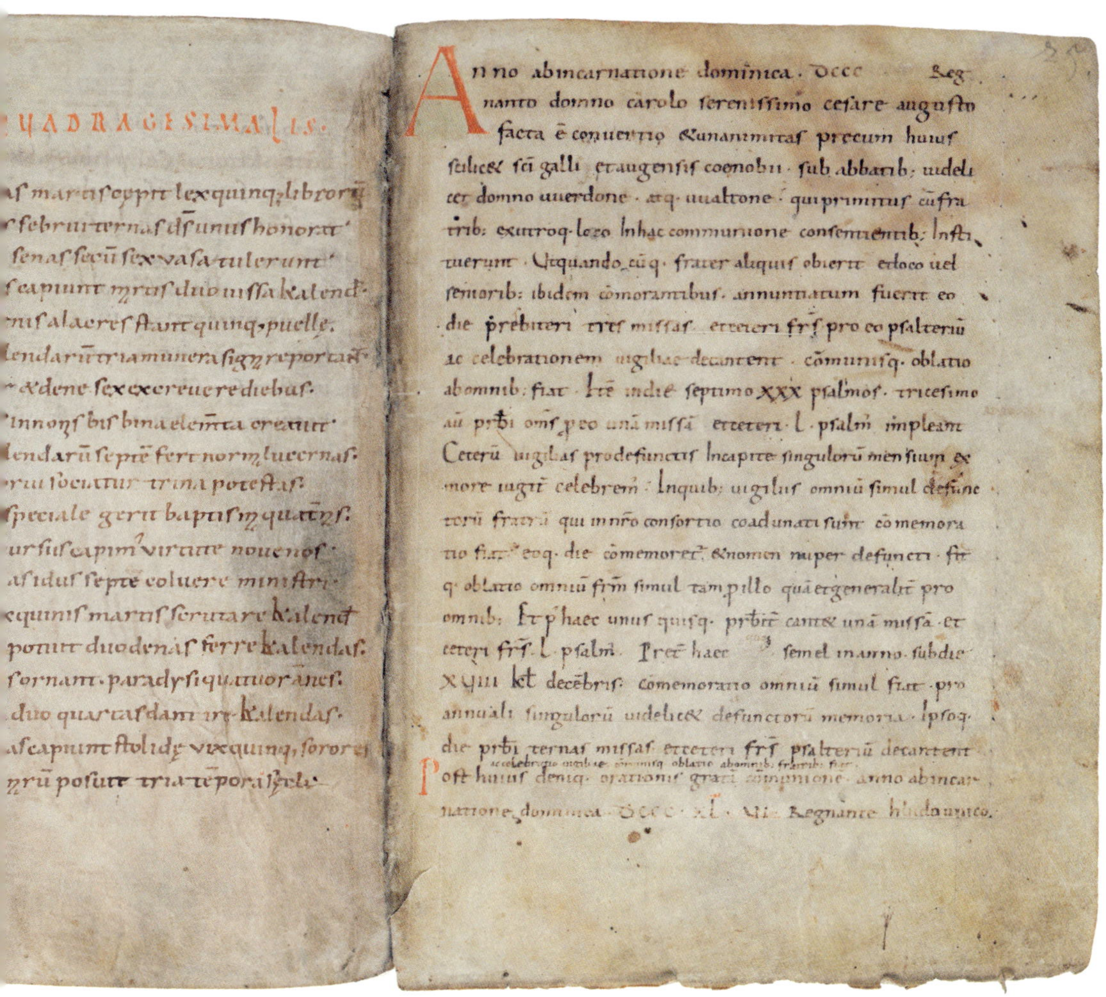

Anno ab incarnatione dominica. DCCC Regnante domno carolo serenissimo cesare augusto facta ē conuentio & unanimitas precum huius scilicet sci galli et augensis coenobii. sub abbatib; uidelicet domno uuerdone. atq. uualtone. qui primitus cū fratrib; ex utroq. loco in hac communione consentientib; instituerunt. Ut quando cūq. frater aliquis obierit ex loco uel senorib; ibidem comorantibus. annuntiatum fuerit eo die presbiteri tres missas. et ceteri frs pro eo psalteriū ac celebrationem uigiliae decantent. cōmunisq. oblatio ab omnib; fiat. Itē in die septimo XXX psalmos. tricesimo aū prbi omš pro unā missā et ceteri. L. psalm̄ impleant. Ceterū uigilias pro defunctis in capite singulorū mensium ex more uigiti celebrem̄. In quib; uigiliis omniū simul defunctorū fratrū qui in nr̄o consortio coadunati sunt cōmemoratio fiat. eoq. die cōmemoret. & nomen nuper defuncti. fitq. oblatio omniū frm̄ simul tam pro illo quā et generalit̄ pro omnib; Et p haec unus quisq. prbit̄ cantet unā missā. et ceteri frs. L. psalm̄. Pret̄ haec semel in anno. sub die XVIII kl̄ decēbris. cōmemoratio omniū simul fiat. pro annuali singulorū uidelicet defunctorū memoria. Ipsoq. die prbi ternas missas et ceteri frs psalteriū decantent

Post huius deniq. orationis gratā conpunctione. anno ab incarnatione dominica. DCCC. XL. VII. Regnante hludouuico.

Das *Grosse Gebet der Eidgenossen*

Beim *Grossen Gebet der Eidgenossen* handelt es sich um den seltenen Fall einer deutschsprachigen, ausserliturgischen Gemeinschaftsandacht (Text von Anfang und Schluss S. 102–104).[145] Die Volkssprache hat in der Gebetskultur des Mittelalters vor allem im Bereich des Privatgebets ihren Ort, in der Liturgie ist sie höchstens ganz am Rand, etwa im Gemeindelied, gelegentlich anzutreffen. Laienbrüder und Laienschwestern in den Klöstern hatten die Liturgie in der ihnen nicht vertrauten Sprache Latein mitzutragen – wenn sie nicht singen konnten, in Form von sogenannten Ersatzoffizien, die aus vielfach wiederholten (lateinischen) Grundgebeten bestanden. Das *Grosse Gebet der Eidgenossen* erinnert in manchen Punkten an solche Ersatzoffizien, ohne dass das Gebet als Ganzes die kanonischen Stunden als Strukturgerüst verwendet. Gebetet wurde es vor allem in der Innerschweiz in Krisensituationen oder auch möglicherweise in der Vorbereitung auf Schlachten, wie der Textbeginn in der vorliegenden Handschrift erkennen lässt (Bl. 19r). Es war lang und dauerte gut und gern zwei Stunden.[146]

Gegliedert ist das *Grosse Gebet* in – je nach Fassung – 92 bis 130 Klauseln, die jeweils von einer vorgeschriebenen Anzahl von Wiederholungsgebeten (*Paternoster, Ave Maria, Credo* und *Gloria Patri*) in ebenfalls vorgeschriebener Gebetshaltung zu verrichten sind (kniend, sitzend, stehend, stehend mit ausgebreiteten Armen usw.). An diese schliesst sich die Heilsklausel an, die an ein Ereignis der Heilsgeschichte erinnert und häufig in eine direkt darauf bezogene Bitte für die Gemeinschaft mündet. Inhaltlich wird auf diese Weise die ganze Erlösungsgeschichte abgeschritten, freilich mit einem klaren Schwerpunkt beim Passionsgeschehen.

Die Ursprünge des *Grossen Gebets der Eidgenossen* liegen im Dunkeln, überliefert ist es erst ab dem 16. Jahrhundert. Die hier gezeigte Handschrift ist die älteste noch erhaltene, ihre Fertigstellung ist auf den *sant othmars tag im 1517 iar* datiert (16. November). Geschrieben wurde sie von einer Frau, Peter Ochsenbein vermutet in ihr eine Nonne des Fraumünsters in Zürich.[147] Nachdem dem gelehrten Jesuiten Petrus Canisius in Freiburg im Üchtland eine Handschrift des *Grossen Gebets* vermittelt worden war, die angeblich aus dem persönlichen Besitz des in Fribourg hochverehrten Bruder Klaus stammte, liess er diesen Text (mit 92 Klauseln) ebenda 1585 zusammen mit einer biographischen Skizze und mehreren Gebeten des Eremiten im Druck erscheinen.

Hermetschwil, Benediktinerinnenkloster
Cod. chart. 196, Bl. 18v–19r
Papier, 53 Blätter
16.5 × 11 cm
Fraumünster Zürich (?), 1517

Der Textbeginn auf der rechten Seite benennt verschiedene Gelegenheiten, bei denen das *Grosse Gebet* besonders nützlich sei: *Dis nach geschriben gebet mag man beten und volbringen für allen gebresten der gantzen cristenheit, es si von grossem infal der dotten oder von dürinnen oder von mizhellung und kriegen.*

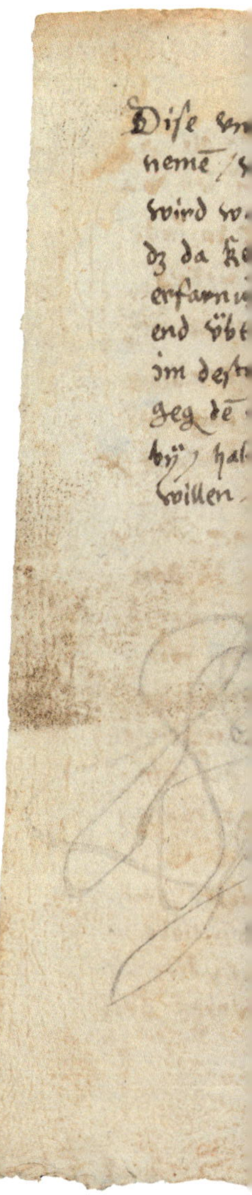

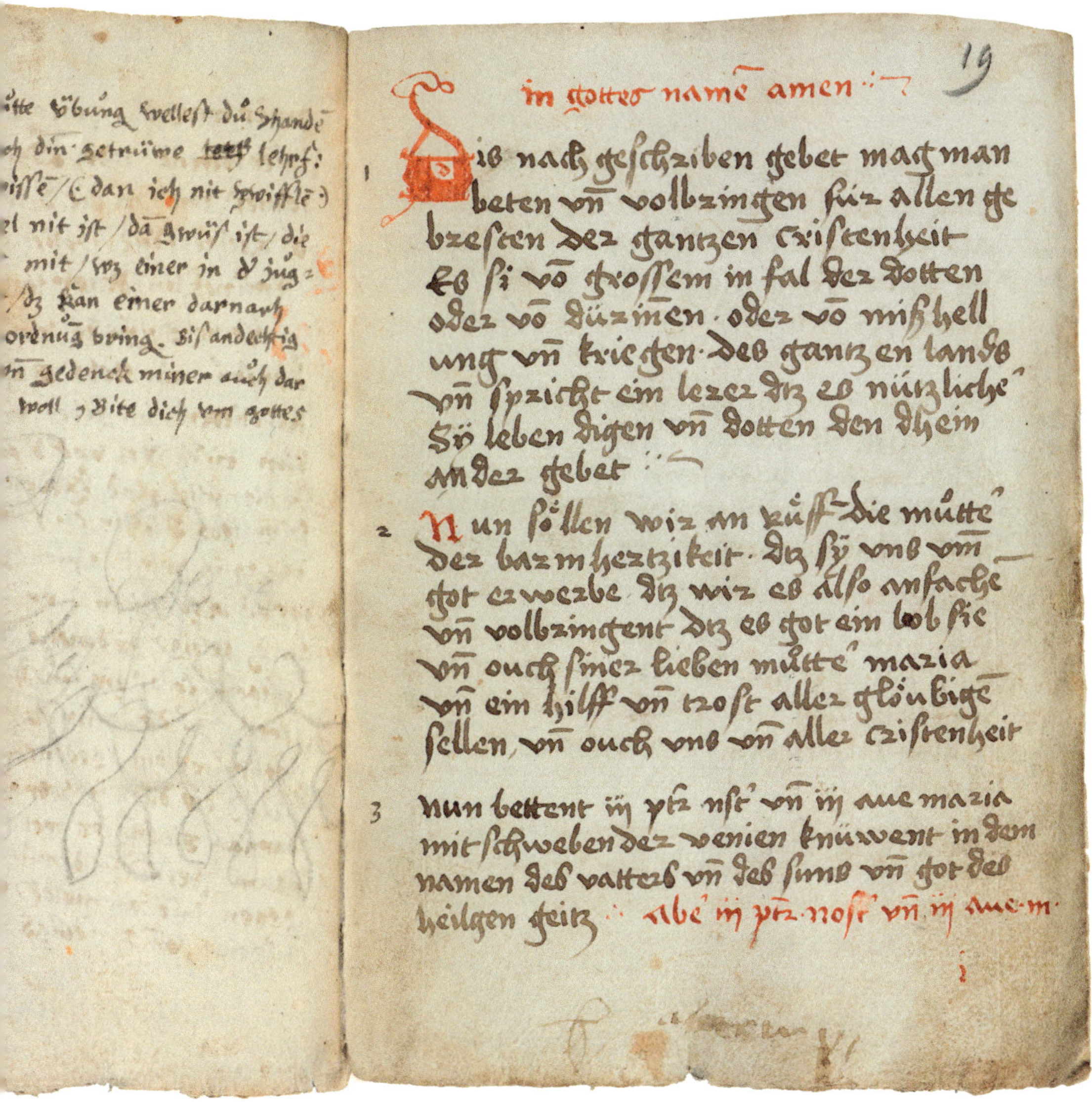

ütte übung wellest du shandē
ch din getrüwe ~~tetz~~ lehrf:
isse / (: dan ich nit zwifflē :)
el nit ist / dā zwüß ist / die
mit / wz einer in d' jug=
/ dz kan einer darnach
ordnūg bring. sis andechtig
n gedenck miner auch dar
woll , bite dich vm gottes

19

In gottes namē amen ::

1 Dis nach geschriben gebet mag man
beten vn̄ volbringen für allen ge
bresten der gantzen cristenheit
es si vō grossem in fal der dotten
oder vō dürinen · oder vō missehell
ung vn̄ kriegen · des gantzen lands
vn̄ sprichet ein lerer dz es nützliche
si̇ lebendigen vn̄ dotten den dhein
ander gebet ::

2 Nun söllen wir an rüffē die müttē
der barmhertzikeit · dz sy̆ vns vm
got erwerbe dz wir es also anfachē
vn̄ volbringent dz es got ein lob sie
vn̄ ouch siner lieben müttē maria
vn̄ ein hilff vn̄ trost aller glöubigē
sellen vn̄ ouch vns vn̄ aller cristenheit

3 Nun bettent iij ptr nr̄ vn̄ iij ave maria
mit schwebender venien knüwent in dem
namen des vatters vn̄ des suns vn̄ got des
heilgen geitz :: Abē iij ptr nost vn̄ iij ave m

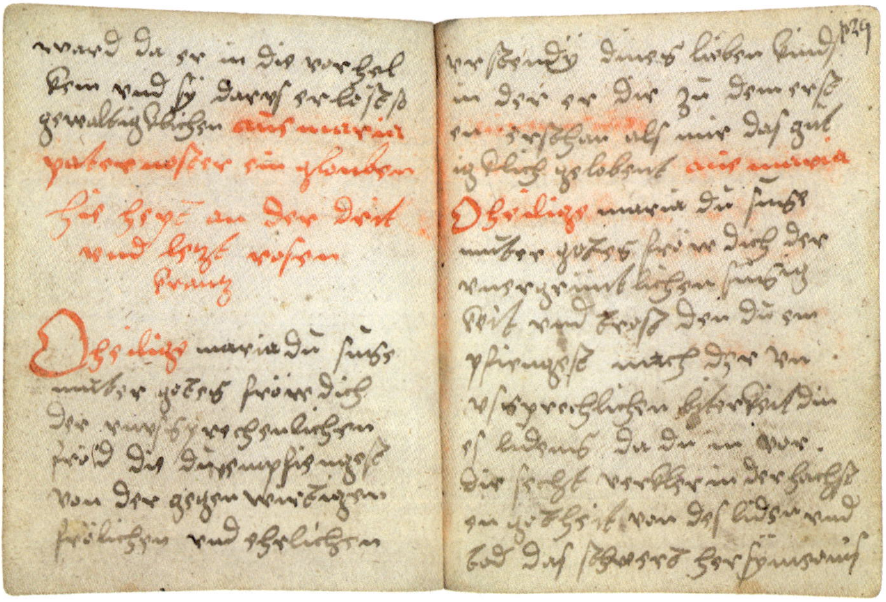

ward da er in dis verhal
ten und si darch erlösest
gewaltiglichen Ave maria
pater noster ein zeichen
hie hept an der drit
und letzt rosen
kranz

O heilige maria du suss
muter gottes fröw dich
der unusprechenlichen
fröd die du empfiengest
von der gegenwirtigen
frölichen und ehrlichen

p29

urstendi dines lieben kind
in der er dir zu dem erst
erzeschein als mir das gut
lich globent Ave maria
O heilige maria du suss
muter gottes frow dich der
unergrüntlichen süssig
keit und trost den du em
pfiengest nach der un
usprechlichen bitterkeit din
es lidens da du im wer
dir secht welcher in der hechst
en hocheit von des liden und
tod des schwerd her hain

St. Gallen, Stiftsbibliothek
Cod. Sang. 487,
Bl. 128v–129r
Papier, 316 Seiten
8 × 6 cm
Südwestdeutschland,
1450/1500 mit Nachträgen
bis ins 17. Jahrhundert

Rosenkranz

Bei aller Buntheit der Auswahl an verschiedenen Gebeten und Betrachtungen, die für deutschsprachige Gebetbücher so charakteristisch ist, hat jedes Gebetbuch doch ein eigenes Profil und lässt Vorlieben der Besteller oder Benutzer mehr oder weniger deutlich erkennen. Einige Gebetbücher sind sogar als ganze auch auf einzelne Inhalte beschränkt, etwa auf das Sterben und den Tod. Unter diesen thematischen Gebetbüchern sind die, welche Gebete zur Gottesmutter versammeln, mit Abstand die häufigsten. Der hier gezeigte Cod. Sang. 487 stellt ein solches Exemplar dar, das sich aus mehreren, wohl nicht gemeinsam entstandenen Teilen zusammensetzt. Es enthält neben anderem ein Gebet zur Auffahrt Mariens, zehn goldene Ermahnungen und Betrachtungen von den zehn Schmerzen Mariens, Gebete zu den neun Freuden Mariens sowie einen Text, der mit der Rubrik *Unser lieben frowen psalter* überschrieben ist (Bl. 1r–18v), und zwei Teile eines Rosenkranzes (Bl. 112v–143v).

Die Geschichte des Rosenkranzes führt bis zum frühmittelalterlichen Psalmengebet zurück. Ab dem 14. Jahrhundert verbreitete er sich zuerst in Latein und dann in allen Volkssprachen über ganz Europa. Im 15. Jahrhundert wurde er zunehmend vereinheitlicht und 1569 legte Papst Pius V. schliesslich seine im Wesentlichen bis heute übliche Form fest. Die aufgeschlagene Doppelseite zeigt Ausschnitte aus einem Rosenkranzgebet aus der zweiten Hälfte des 15. Jahrhunderts.[148]

Rosenkränze gibt es zu ganz verschiedenen Andachtsgegenständen, die sich freilich meist auf Maria konzentrieren. Auch der Umfang kann ganz unterschiedlich sein, mal sind es 50 Klauseln, mal 100 und mal 150, auch andere Zahlen kommen vor. Erst im Laufe der Zeit setzte sich die heute gebräuchliche Form durch, welche das Grundgebet *Ave Maria* wiederholt mit *clausulae* (Schlusssätzen) ergänzt, die zu Gruppen (Gesätzen) zusammengefasst werden und mit einem *mysterium* (Geheimnis) verbunden sind. Diese Grundstruktur wird bis in die Gegenwart lebendig weiterentwickelt.

Der Rosenkranz im Cod. Sang. 487 umfasste wohl ursprünglich drei Gruppen mit fünfzig Klauseln und hat bereits die mit dem *Ave Maria* verbundene Form (eine Fünfzigergruppe fehlt in der Handschrift, wenn sie nicht mit dem *Unser lieben frowen psalter* zu identifizieren ist). Der Rosenkranz besteht aus fünf Gesätzen mit je zehn kurzen Invokationen Mariens. Die meisten Rosenkränze in den spätmittelalterlichen Gebetbüchern umfassen 150 Klauseln, was der Anzahl der Psalmen entspricht. Manchmal heissen diese Texte in den Handschriften daher auch Marienpsalter.

Die aufgeschlagene Doppelseite zeigt den Übergang von der zweiten zur dritten Fünfzigergruppe. Die Rubrik markiert das mit den Worten: *hie hept an der drit und lezt rosenkranz* – der Schreiber verwendet den Begriff also für die drei gleich grossen Teile der hier insgesamt 150 Einheiten.

St. Gallen, Domschatz
Inventarnummer 4.669
Rosenkranz
mit 5 Gesätzen, 64 cm,
Aveperlen in Silberfiligran,
Paternosterperlen Silber
getrieben und vergoldet,
Kreuzanhänger gegossenes
Silber (beschädigt),
Miniatur in Maleremaille
Schwäbisch Gmünd,
18. Jahrhundert

Rosenkranz-Perlenschnur

Der älteste Bericht über die Verwendung einer Schnur mit aufgereihten Steinen als Gebetszählkette in der lateinischen Christenheit findet sich in den *Gesta Pontificum Anglorum* («Taten der englischen Bischöfe») von Wilhelm von Malmesbury. Demnach hatte sich die angelsächsische Adelige Lady Godiva († um 1085) eine solche Kette hergestellt, nach der sie ihre Gebete verrichtete.[149]

Solche Perlenschnüre werden nicht nur beim Rosenkranz als dem weltweit verbreitetsten katholischen und orthodoxen Volksgebet verwendet, sondern gehören auch zur Gebetspraxis anderer Religionen. Dabei geht ihre Bedeutung oft weit über diejenige eines Hilfsmittels hinaus. Der Gebetskette werden besondere Kräfte zugeschrieben, die schützen und Glück bringen. Und wo die ältesten Rosenkränze noch aus einfachen Materialien wie Holz, Samenkapseln, Horn oder Bein bestanden hatten, konnten sie später auch zu materiell wertvollen, «schmucken» Objekten werden.

Der hier abgebildete Rosenkranz aus Silber gehörte vermutlich einem hochrangigen St. Galler Mönch. Er besteht aus fünf sogenannten «Gesätzen»: Je zehn Aveperlen aus feinem Silberfiligran werden von grösseren, gedrehten Paternosterperlen aus getriebenem, vergoldetem Silber gerahmt. Mit drei Kettchen, die an die drei Geheimnisse des Rosenkranzgebetes erinnern (Texte des freudenreichen, schmerzhaften und glorreichen sowie des neueren lichtreichen Rosenkranzes vgl. S. 105–106) ist ein Anhänger an der Gebetsschnur befestigt. Er besteht aus gegossenem, punziertem und teilvergoldetem Silber und ist mit einer Miniatur der Schmerzensmutter in Maleremaille-Technik geschmückt, die durch häufigen Gebetsgebrauch rechtsseitig etwas abgerieben ist. Einer der dreiecksförmigen, auf die Trinität anspielenden Kreuzbalken ist abgebrochen.

Alter und Entstehungsort eines Rosenkranzes sind meist schwierig zu bestimmen, weil die Gebetsketten oft von Generation zu Generation weitergegeben, repariert und verändert wurden. Es konnten Anhänger angefügt und Perlen ausgetauscht werden. Von der ausgestellten Kette wissen wir jedoch, dass sie im 18. Jahrhundert in Schwäbisch Gmünd hergestellt wurde. In der süddeutschen Kleinstadt war zu dieser Zeit eine regelrechte Rosenkranz-Industrie entstanden, die sich auf charakteristische Perlen aus Silberfiligran spezialisiert hatte und den gesamten Alpenraum belieferte. Als Vorlage für die Miniatur der Gebetskette könnte ein Heiligenbildchen gedient haben. Darauf deuten die Art der Darstellung und die abgekürzte Beschriftung hin. (Ulrike Ganz und Cornel Dora)

8

Faces in Prayer

Eva Dietrich

Katharina Heigl (geb. 25.9.1975, Linz/Österreich) zeigt in ihrer Fotoserie *Faces in Prayer* aus dem Jahr 2017 auf insgesamt dreissig Schwarz-Weiss-Fotografien betende Menschen. Die Fotografin konzentriert sich dabei weitgehend auf die Gesichter der Betenden. Einige haben Augen und Mund geschlossen, als wären sie ganz in ihr Inneres abgetaucht, andere blicken konzentriert in eine Richtung. Jemand hat die Augen einen Spalt weit offen, als würde genau dieser Spalt die richtige Perspektive gewähren. Oval geöffnete Münder scheinen eher etwas zu hauchen oder zu staunen als zu sprechen. Viele Gesichter sind ausschnitthaft wiedergegeben, als wollte die Fotografin dem intimen Vorgang des Betens noch näher kommen und Antworten im Widerschein von Licht auf Haut finden. Doch verraten die Gesichter nichts über den Inhalt der Gebete und auch nicht, wo die Betenden verweilen oder was sie sehen. Aber Hingabe und Konzentration spricht als eine Form von Schönheit aus allen Gesichtern.

Heigl ist eine österreichische Dokumentarfilmerin und Fotografin. Zurzeit recherchiert sie zum Thema Hass als Gesellschaftsphänomen und zur Stadt Raqqa vor dem syrischen Bürgerkrieg. Auch ihre Fotoserie *Faces in Prayer* entstand während Recherchen für ein Filmprojekt, das den Arbeitstitel «Auf der Suche nach Gott» trägt. Heigl hat die Porträts in Tempeln, Moscheen, Synagogen, Kirchen, Klöstern und privaten Gebäuden in Österreich und Israel aufgenommen. Aber kein Foto lässt zweifelsfrei erkennen, welcher Religion die Betenden angehören. Das war Heigl sehr wichtig. Religionen entstehen ihrer Ansicht nach aus menschlichen Grundbedürfnissen wie etwa der Suche nach Sinn und Transzendenz, und sie verleihen dem Leben Struktur. Alle Religionen sind diesbezüglich gleichwertig. Ihre Arbeit ist dadurch auch ein Protest gegen das Schubladendenken in den Köpfen vieler Menschen. Wer erkennbar einer anderen Religion als der eigenen angehört, wird oft ausgegrenzt und dämonisiert. Heigls Fotografien verweigern solche Urteile aufgrund von Stereotypen. Die Betenden erklären uns nicht, an welche Instanz sie sich wenden, und dies geht den Betrachter auch nichts an. Denn persönliche Gebete sind eine Form von intimer Kommunikation, die sich an keine gesellschaftlichen Regeln halten muss und auch einer Vereinnahmung durch offizielle religiöse Autoritäten widersteht.

Als weitere Motivation für ihr Projekt gibt Heigl an, dass sie selbst Atheistin sei und es sie interessierte, die fremde Welt des Glaubens und der Religionen zu erkunden, um sie etwas besser zu verstehen. Sie tut dies, indem sie die Gesichter fotografisch ertastet, die Emotionen aufnimmt und verschwommenen Hintergründen viel Raum gibt, oft mehr als die Hälfte des Bildes. Eine in Licht getauchte Frau etwa umgibt totale Dunkelheit, bei einer anderen Betenden verwandelt sich der Hintergrund in ein Meer aus Lichtkreisen. Schattenräume und weisse Flächen schaffen allesamt nicht mehr klar definierbare Räume. Diese Hintergründe machen deutlich, dass sich die Betenden in der Sichtweise der Fotografin von einer erkennbaren und definierbaren Aussenwelt abwenden und sich Räumen zuwenden, in denen Grenzen unscharf werden.

Zudem gewähren den Fotografien beigefügte Zitate Einblick in das, was Beten und Glauben den Porträtierten bedeuten, etwa: «Über sich hinaus gehen. Das eint alle Religionen.» Im Zusammenhang mit diesem über sich Hinausgehen bietet sich eine Kontextualisierung der Fotografien in Bezug zur Mystik an. Mystiker und Mystikerinnen suchen auf ihren je individuellen Wegen eine persönliche Gotteserfahrung. Wenn diese gelingt, ist sie meist nur schwer in Worten zu fassen und wird gerade deshalb oft in poetischen Texten geschildert. Es gibt Mystiker, die für ihre Gotteserfahrungen eher Bilder von Liebe, Erotik und Hochzeit finden, während andere ihre Begegnungen mit dem Göttlichen in Bildern der Auflösung schildern wie etwa der Vorstellung vom Tropfen, der im Meer verschwindet. Ein anderes bekanntes Bild ist dasjenige vom Schmetterling, der nicht anders kann, als immer um die Flamme einer Kerze zu kreisen, um schlussendlich in ihrem Licht zu verbrennen.

Nun spielt Licht in der Fotografie naturgemäss eine grosse Rolle, und Licht und Schatten spiegeln sich auch in vielen Nuancen auf der Haut der Porträtierten. Verschattete und entflammte Gesichtszüge lassen zusammen mit den Emotionen auf den Gesichtszügen die Sehnsucht erahnen, mit der Menschen eine Begegnung mit dem Göttlichen suchen. Wie nahe sie dem Licht der Flamme kommen, verraten sie nicht, aber das Bild vom im Moment der Vereinigung verbrennenden Falter macht deutlich, dass die Suche nach Verbindung mit Göttlichem und das Beten ambivalente Tätigkeiten sind, gehört es doch zur Paradoxie des Betens, dass man nicht mit Sicherheit wissen kann, ob man erhört wird, und nur selten eine direkte Antwort erhält. Denn eine mystische Begegnung mit dem Göttlichen bleibt die Ausnahme und Göttliches unfassbar, so unfassbar und unergründlich wie die Gesichter und die verschwommenen Hintergründe auf Heigls Fotografien.

Faces in Prayer, fotografiert von Katharina Heigl, 2017.

9

Gebetstexte

Schilfmeerlied (2 Mo 15,1–21)

1 Damals sang Mose mit den Israeliten dem HERRN dieses Lied;
sie sagten: Ich singe dem HERRN ein Lied, denn er ist hoch und
erhaben. Ross und Reiter warf er ins Meer. **2** Meine Stärke und mein
Lied ist der HERR, er ist mir zur Rettung geworden. Er ist mein
Gott, ihn will ich preisen; den Gott meines Vaters will ich rühmen.
3 Der HERR ist ein Krieger, HERR ist sein Name. **4** Pharaos Wagen
und seine Streitmacht warf er ins Meer. Seine besten Vorkämpfer
versanken im Roten Meer. **5** Fluten deckten sie zu, sie sanken in die
Tiefe wie Steine. **6** Deine Rechte, HERR, ist herrlich an Stärke;
deine Rechte, HERR, zerschmettert den Feind. **7** In deiner erhabe-
nen Grösse wirfst du die Gegner zu Boden. Du sendest deinen
Zorn; er frisst sie wie Stoppeln. **8** Du schnaubtest vor Zorn, da
türmte sich Wasser, da standen Wogen als Wall, Fluten erstarrten
im Herzen des Meeres. **9** Da sagte der Feind: Ich jage nach, hole ein.
Ich teile die Beute, ich stille die Gier. Ich zücke mein Schwert,
meine Hand jagt sie davon. **10** Da schnaubtest du Sturm. Das Meer
deckte sie zu. Sie sanken wie Blei ins tosende Wasser. **11** Wer ist wie
du unter den Göttern, o HERR? Wer ist wie du gewaltig und heilig,
gepriesen als furchtbar, Wunder vollbringend? **12** Du strecktest
deine Rechte aus, da verschlang sie die Erde. **13** Du lenktest in dei-
ner Güte das Volk, das du erlöst hast, du führtest sie machtvoll zu
deiner heiligen Wohnung. **14** Als die Völker das hörten, erzitterten
sie, die Philister packte das Schütteln. **15** Damals erschraken die
Stammesführer Edoms, die Mächtigen von Moab packte das Zit-
tern, Kanaans Bewohner, sie alle verzagten. **16** Schrecken und
Furcht überfiel sie, sie erstarrten zu Stein vor der Macht deines
Arms, bis hindurchzog, o HERR, dein Volk, bis hindurchzog das
Volk, das du erschufst. **17** Du wirst sie hinbringen und auf den Berg
deines Erbes einpflanzen, den du, HERR, zu deiner Wohnstätte
gemacht hast, um dich niederzulassen, zu einem Heiligtum, HERR,
von deinen Händen gegründet. **18** Der HERR ist König für immer
und ewig. **19** Denn als die Rosse des Pharao mit ihren Wagen und
ihren Reitern ins Meer zogen, liess der HERR das Wasser des Mee-
res auf sie zurückfluten, nachdem die Israeliten auf trockenem Bo-
den mitten durchs Meer gezogen waren. **20** Die Prophetin Mirjam,
die Schwester Aarons, nahm die Pauke in die Hand und alle Frauen
zogen mit Paukenschlag und Tanz hinter ihr her. **21** Mirjam sang
ihnen vor: Singt dem HERRN ein Lied, denn er ist hoch und er-
haben! Ross und Reiter warf er ins Meer.[150]

Magnificat (Lk 1,46–55)
46 Da sagte Maria: Meine Seele preist die Grösse des Herrn **47** und
mein Geist jubelt über Gott, meinen Retter. **48** Denn auf die Nied-
rigkeit seiner Magd hat er geschaut. Siehe, von nun an preisen mich
selig alle Geschlechter. **49** Denn der Mächtige hat Grosses an mir
getan und sein Name ist heilig. **50** Er erbarmt sich von Geschlecht
zu Geschlecht über alle, die ihn fürchten. **51** Er vollbringt mit sei-
nem Arm machtvolle Taten: Er zerstreut, die im Herzen voll Hoch-
mut sind; **52** er stürzt die Mächtigen vom Thron und erhöht die
Niedrigen. **53** Die Hungernden beschenkt er mit seinen Gaben und
lässt die Reichen leer ausgehen. **54** Er nimmt sich seines Knechtes
Israel an und denkt an sein Erbarmen, **55** das er unsern Vätern ver-
heissen hat, Abraham und seinen Nachkommen auf ewig.[151]

Vaterunser (Mt 6,9–13 und Lk 11,2–4)
Mt 6,9–13
9 So sollt ihr beten: Unser Vater im Himmel, geheiligt werde dein
Name, **10** dein Reich komme, dein Wille geschehe wie im Himmel,
so auf der Erde. **11** Gib uns heute das Brot, das wir brauchen! **12** Und
erlass uns unsere Schulden, wie auch wir sie unseren Schuldnern
erlassen haben! **13** Und führe uns nicht in Versuchung, sondern
rette uns vor dem Bösen![152]

Lk 11,2–4
2 Da sagte er zu ihnen: Wenn ihr betet, so sprecht: Vater, geheiligt
werde dein Name. Dein Reich komme. **3** Gib uns täglich das Brot,
das wir brauchen! **4** Und erlass uns unsere Sünden; denn auch wir
erlassen jedem, was er uns schuldig ist. Und führe uns nicht in Ver-
suchung![153]

Mein Gott, mein Gott, warum hast du mich verlassen (Ps 22)
1 Für den Chormeister. Nach der Weise Hinde der Morgenröte. Ein
Psalm Davids. 2 Mein Gott, mein Gott, warum hast du mich ver-
lassen, bleibst fern meiner Rettung, den Worten meines Schreiens?
3 Mein Gott, ich rufe bei Tag, doch du gibst keine Antwort; und bei
Nacht, doch ich finde keine Ruhe. 4 Aber du bist heilig, du thronst
über dem Lobpreis Israels. 5 Dir haben unsere Väter vertraut, sie
haben vertraut und du hast sie gerettet. 6 Zu dir riefen sie und wur-
den befreit, dir vertrauten sie und wurden nicht zuschanden. 7 Ich
aber bin ein Wurm und kein Mensch, der Leute Spott, vom Volk
verachtet. 8 Alle, die mich sehen, verlachen mich, verziehen die
Lippen, schütteln den Kopf: 9 Wälze die Last auf den HERRN! Er
soll ihn befreien, er reisse ihn heraus, wenn er an ihm Gefallen hat!
10 Du bist es, der mich aus dem Schoss meiner Mutter zog, der
mich anvertraut der Brust meiner Mutter. 11 Von Geburt an bin ich
geworfen auf dich, vom Mutterleib an bist du mein Gott. 12 Sei mir
nicht fern, denn die Not ist nahe und kein Helfer ist da! 13 Viele
Stiere haben mich umgeben, Büffel von Baschan mich umringt.
14 Aufgesperrt haben sie gegen mich ihren Rachen, wie ein reissen-
der, brüllender Löwe. 15 Hingeschüttet bin ich wie Wasser, gelöst
haben sich all meine Glieder, mein Herz ist geworden wie Wachs,
in meinen Eingeweiden zerflossen. 16 Meine Kraft ist vertrocknet
wie eine Scherbe, die Zunge klebt mir am Gaumen, du legst mich
in den Staub des Todes. 17 Denn Hunde haben mich umlagert, eine
Rotte von Bösen hat mich umkreist. Sie haben mir Hände und Füsse
durchbohrt. 18 Ich kann all meine Knochen zählen; sie gaffen und
starren mich an. 19 Sie verteilen unter sich meine Kleider und wer-
fen das Los um mein Gewand. 20 Du aber, HERR, halte dich nicht
fern! Du, meine Stärke, eile mir zu Hilfe! 21 Entreiss mein Leben
dem Schwert, aus der Gewalt der Hunde mein einziges Gut!
22 Rette mich vor dem Rachen des Löwen und vor den Hörnern der
Büffel! – Du hast mir Antwort gegeben. 23 Ich will deinen Namen
meinen Brüdern verkünden, inmitten der Versammlung dich lo-
ben. 24 Die ihr den HERRN fürchtet, lobt ihn; all ihr Nachkommen
Jakobs, rühmt ihn; erschauert vor ihm, all ihr Nachkommen Israels!
25 Denn er hat nicht verachtet, nicht verabscheut des Elenden
Elend. Er hat sein Angesicht nicht verborgen vor ihm; er hat gehört,
als er zu ihm schrie. 26 Von dir kommt mein Lobpreis in grosser
Versammlung, ich erfülle mein Gelübde vor denen, die ihn fürch-
ten. 27 Die Armen sollen essen und sich sättigen; den HERRN sol-
len loben, die ihn suchen. Aufleben soll euer Herz für immer. 28 Alle
Enden der Erde sollen daran denken und sich zum HERRN bekeh-
ren: Vor dir sollen sich niederwerfen alle Stämme der Nationen.
29 Denn dem HERRN gehört das Königtum; er herrscht über die
Nationen. 30 Es assen und warfen sich nieder alle Mächtigen der
Erde. Alle, die in den Staub gesunken sind, sollen vor ihm sich beu-
gen. Und wer sein Leben nicht bewahrt hat, 31 Nachkommen wer-

den ihm dienen. Vom Herrn wird man dem Geschlecht erzählen,
das kommen wird. **32** Seine Heilstat verkündet man einem Volk, das
noch geboren wird: Ja, er hat es getan.[154]

Ich wasche meine Hände in Unschuld (Ps 26)

1 Von David. Verschaff mir Recht, HERR; denn in Lauterkeit ging
ich meinen Weg! Dem HERRN habe ich vertraut, ich werde nicht
wanken. **2** Erprobe mich, HERR, und durchforsche mich, prüfe
mich auf Herz und Nieren: **3** Denn deine Huld stand mir vor Augen,
in deiner Wahrheit ging ich meinen Weg. **4** Ich sass nicht bei fal-
schen Leuten, mit Heuchlern habe ich keinen Umgang. **5** Verhasst
ist mir die Versammlung derer, die Unrecht tun; bei Gottlosen kann
ich nicht sitzen. **6** Ich will meine Hände in Unschuld waschen und
deinen Altar, HERR, will ich umschreiten, **7** um laut das Lob zu
verkünden und all deine Wunder zu erzählen. **8** HERR, ich liebe
die Stätte deines Hauses und den Wohnort deiner Herrlichkeit.
9 Raff mich nicht hinweg mit den Sündern, mit den Blutmenschen
nimm mir nicht das Leben! **10** An ihren Händen klebt Schandtat,
ihre Rechte ist voll von Bestechung. **11** Ich aber gehe meinen Weg
in Lauterkeit. Erlöse mich und sei mir gnädig! **12** Mein Fuss steht
auf ebenem Grund. Den HERRN will ich in den Versammlungen
preisen.[155]

Vater, in deine Hand lege ich voll Vertrauen meinen Geist (Ps 31)

1 Für den Chormeister. Ein Psalm Davids. **2** HERR, bei dir habe ich
mich geborgen. Lass mich nicht zuschanden werden in Ewigkeit;
rette mich in deiner Gerechtigkeit! **3** Neige dein Ohr mir zu, erlöse
mich eilends! Sei mir ein schützender Fels, ein festes Haus, mich
zu retten! **4** Denn du bist mein Fels und meine Festung; um deines
Namens willen wirst du mich führen und leiten. **5** Du wirst mich
befreien aus dem Netz, das sie mir heimlich legten; denn du bist
meine Zuflucht. **6** In deine Hand lege ich voll Vertrauen meinen
Geist; du hast mich erlöst, HERR, du Gott der Treue. **7** Verhasst
waren mir, die nichtige Götzen verehren, ich setze auf den HERRN
mein Vertrauen. **8** Ich will jubeln und deiner Huld mich freuen;
denn du hast mein Elend angesehn, du kanntest die Ängste meiner
Seele. **9** Du hast mich nicht preisgegeben der Hand meines Fein-
des, du stelltest meine Füsse in weiten Raum. **10** HERR, sei mir
gnädig, denn mir ist angst; vor Gram sind mir Auge, Seele und Leib
zerfallen. **11** In Kummer schwand mein Leben dahin, meine Jahre
vor Seufzen. Meine Kraft ist ermattet wegen meiner Sünde, meine
Glieder sind zerfallen. **12** Vor all meinen Bedrängern wurde ich zum
Spott, zum Spott sogar für meine Nachbarn. Meinen Freunden
wurde ich zum Schrecken, wer mich auf der Strasse sieht, der flieht
vor mir. **13** Ich bin dem Gedächtnis entschwunden wie ein Toter,
bin geworden wie ein zerbrochenes Gefäss. **14** Ich hörte das Zi-
scheln der Menge – Grauen ringsum. Sie taten sich gegen mich
zusammen; sie sannen darauf, mir das Leben zu rauben. **15** Ich aber,
HERR, ich habe dir vertraut, ich habe gesagt: Mein Gott bist du.
16 In deiner Hand steht meine Zeit; entreiss mich der Hand meiner
Feinde und Verfolger! **17** Lass dein Angesicht leuchten über deinem
Knecht, hilf mir in deiner Huld! **18** Lass mich nicht zuschanden
werden, HERR, denn ich habe zu dir gerufen! Zuschanden werden
sollen die Frevler, sie sollen verstummen in der Totenwelt. **19** Jeder
Mund, der lügt, soll sich schliessen, der Mund, der frech gegen den
Gerechten redet, hochmütig und verächtlich. **20** Wie gross ist
deine Güte, die du bewahrt hast für alle, die dich fürchten; du hast
sie denen erwiesen, die sich vor den Menschen bei dir bergen.
21 Du verbirgst sie im Schutz deines Angesichts vor den Verschwö-
rungen der Leute. In einer Hütte bewahrst du sie vor dem Gezänk
der Zungen. **22** Gepriesen sei der HERR, denn er hat seine Huld
wunderbar an mir erwiesen in einer befestigten Stadt. **23** Ich aber
sagte in meiner Angst: Ich bin verstossen aus deinen Augen. Doch
du hast mein lautes Flehen gehört, als ich zu dir um Hilfe rief.
24 Liebt den HERRN, all seine Frommen! Seine Getreuen behütet
der HERR, doch reichlich vergilt er dem, der hochmütig handelt.
25 Euer Herz sei stark und unverzagt, ihr alle, die ihr den HERRN
erwartet.[156]

Messkanon *(Te igitur)*, Abschnitt 1–2
Dich, gütiger Vater, bitten wir durch deinen Sohn, unseren Herrn Jesus Christus: Nimm diese heiligen, makellosen Opfergaben an und (Kreuzzeichen mit der Hand) segne sie.

Wir bringen sie dar vor allem für deine heilige katholische Kirche in Gemeinschaft mit deinem Diener, unserem Papst (Name), mit unserem Bischof (Name) und mit allen, die Sorge tragen für den rechten, katholischen und apostolischen Glauben. Schenke deiner Kirche Frieden und Einheit, behüte und leite sie auf der ganzen Erde.[157]

Mitten im Leben sind wir vom Tod umgeben
Mitten im Leben sind wir vom Tod umgeben. Wen suchen wir als Helfer ausser Dir, o Herr, der Du gerechterweise wegen unseren Sünden zürnst? Heiliger Gott, heiliger Starker, heiliger und barmherziger Retter! Übergib uns nicht einem bittern Tod![158]

Andachtsanleitung Cordulas von Schönau (1450/1500)
St. Gallen, Stiftsbibliothek, Cod. Sang. 490, Bl. 238v–245r

[**238v**] Eine andächtige Klosterfrau hatte eine grosse Begierde zu dem göttlichen Blut Christi, so dass sie jedes Tröpfchen, welches er in seinem bitteren Leiden für uns vergossen hatte, mit einer besonderen Ehre verehren wollte. Und weil das niemand auf der Erde, ausser ihm selbst, wissen konnte, so bat sie den Herrn mit grosser Andacht und Begierde über eine lange Zeit, dass er ihr offenbaren würde, wie viele [**239r**] der Tröpfchen seines rosenfarbenen Blutes es waren.

Da sie nun dies lange begehrt hatte, da erschien ihr der Herr Jesus, als sie gerade in grosser Andacht war, und eröffnete ihr folgendes: Wenn ein Mensch fünfzehn Jahre lang jeden Tag hundert Vaterunser beten würde, so hätte er am Ende der fünfzehn Jahre für jedes Tröpfchen ein Vaterunser gebetet. Und er teilte ihr auch mit, wie gross sein Gefallen daran wäre. Wer ihm sein Blutvergiessen [**239v**] dankte und dieses Gebet vollbrächte, dem wolle er unzählige Gnadenerweise zukommen lassen, erstens dreissig um seinetwillen aus dem Fegefeuer erlösen, dann dreissig Sünder aus seinem Geschlecht bekehren, die sonst verloren wären, weiterhin dreissig Menschen im guten Leben bestärken. Schliesslich wolle unser Herr den Menschen so auf sein Ende vorbereiten, dass er ihn ohne alles Fegefeuer in seine ewigen Freuden aufnehmen wolle. [**240r**]

Und dieses Gebet haben andächtige Leute so geordnet, dass sie täglich während fünfzehn Jahren fünf Miserere beten, das sind täglich hundert Verse anstelle der hundert Vaterunser, denn der (Psalm) Miserere hat zwanzig Verse. Und wenn die fünfzehn Jahre um sind, so hat einer für jedes Tröpfchen einen Vers gebetet, zu Lob und Dank seines edlen Blutvergiessens. Und daran hat Gott ein grosses Wohlgefallen, denn als dieses Gebet von den seligen Menschen zuerst **[240v]** gebetet worden war, da gab es einen heiligen Einsiedler, der hörte ein grosses Geschrei von den Teufeln. Und als er sie fragte, weshalb sie so klagten, da antworteten sie, dass dieses Gebet so viel Kraft besässe, dass unzählig viele Seelen aus dem Fegefeuer erlöst würden.

Und dieses Gebet kann man beten, wie und wo man will. Und wenn man es an **[241r]** einem Tag nicht beten kann, so mag man es stattdessen davor oder danach beten, wie man will, und man kann Lebende und Verstorbene in das Gebet einschliessen. Und wenn einer Liebe in sich trägt, so soll er diese fünf Miserere auf diese Weise ordnen in seiner Andacht, Gott hat daran einen besonders grossen Gefallen und es ist verdienstvoll:

Das erste Miserere **[241v]** bete zu Lob und Ehre der heiligen Dreifaltigkeit, um des allerlieblichsten Gefallens willen, den sie seit ewigen Zeiten an dem göttlichen Blut Jesu Christi gehabt hatte. Dieses Gefallen entsprach der Unehre, die ihr alle Geschöpfe je erboten hatten. Und bitte die Dreifaltigkeit, dass sie dich anschaue mit ebendiesem Gefallen und alle deine Werke in das Gefallen aufnehme, zu ihrem ewigen Lob. **[242r]**

Das zweite Miserere bete der brennenden Liebe, in welcher der Herr Jesus all sein Blut vergoss, und bitte ihn, dass er um deiner Sünden willen jedes Tröpfchen seines heissen, göttlichen Blutes dem väterlichen Herzen opfere, und dass er sich seinem ewigen Vater um deinetwillen in der Liebe ergebe, in der er all sein Blut um dich vergossen hatte. **[242v]**

Das dritte Miserere bete für deine Sünden, und bitte das fliessende Blut, dass es in deine Seele fliesse und dich reinige mit seiner Reinheit und dich entzünde mit seiner Hitze und all dein Leben erfülle mit seiner Vollkommenheit und dich mit ihm vereinige und dich in ihm verkläre mit dem Glanz seiner herrlichen Auferstehung.

Das vierte Miserere bete für alle deine Freunde, sowohl leibliche als auch geistliche, **[243r]** und für alle, die dir Gutes getan haben und dein Gebet erbitten und selbst Gott für dich bitten. Damit das rosenfarbene Blut an deiner Stelle um alles Notwendige bitten möge vor dem väterlichen Herzen, so wie es alle Menschen am Stamm des Heiligen Kreuzes vertreten und sie getröstet hat und seine Kraft an ihnen offenbar wurde in der Zeit und in Ewigkeit.

Das fünfte Miserere bete für alle **[243v]** gläubigen Seelen und für die Seelen deiner Eltern und aller Vorfahren und all derer, deren Wohltaten dir zukommen und die sich während ihres Lebens in dein Gebet befohlen haben; und insbesondere für die Seele, die zuerst erlöst werden soll aus dem Fegefeuer, damit sie im ersten Moment, wenn sie vor Gottes Antlitz tritt, Gott für dich Dank sage und Lob für sein edles Blutvergiessen, und damit er [**244r**] mit seinem göttlichen Blut alles das abwasche, was die liebe Seele an seinem göttlichen Anblick hindert.

Und wenn du dieses Gebet auf diese Weise ordnest, so bezahlst du damit für alles, was du schuldig bist, und es ist Gott ein grosses Lob und Wohlgefallen.

Wenn du nun diese fünf Miserere gebetet hast, dann kannst du dieses kleine Gebet anschliessen, um es zu beenden und es [**244v**] in das väterliche Herz zu empfehlen. Du bist es aber nicht schuldig.

O du göttliches Blut Jesu Christi, in aller Liebe von der hohen Gottheit angenommen und empfangen. O du göttliches Blut Jesu Christi, in heisser Liebe von dir wieder vergossen um meines Heils willen. O du göttliches Blut Jesu Christi, in aller Liebe von dir aufgenommen, in aller Liebe wieder genommen von der hohen Dreifaltigkeit, schrei meinen Ruf aus allen Wunden meines lieben Herrn [**245r**] Jesu Christi in das väterliche Herz um alle unsere Bedürfnisse zu deinem höchsten Lob.

Dies ist das Miserere auf deutsch, welches du fünfmal in der oben beschriebenen Form beten sollst:

[Hier folgt eine wörtliche Übertragung des lateinischen Wortlautes von Psalm 50 (bzw. 51) ins Frühneuhochdeutsche.][159]

Sieben Kreuzworte Christi (1484/1485)

St.Gallen, Stiftsbibliothek, Cod. Sang. 489, Bl. 58v–61v

[**58v**] Ein weiteres besonders andächtiges Gebet von den Sieben Worten, die Christus am heiligen Kreuz sprach. Das Gebet stammt von dem heiligen Beda.

Herr Jesus Christus, am letzten Tag deines Lebens, als du am Kreuz hingst, hast du sieben heiligste Worte gesprochen, auf dass wir sie allezeit im Gedächtnis hätten. Ich bitte dich [**59r**] durch die Kraft der sieben Worte, dass du mir vergibst, wo ich gesündigt oder in den sieben Todsünden missegetan habe oder in denen aus ihnen geborenen Sünden. Herr, so wie du gesprochen hast: «Vater vergib denen, die mich kreuzigen», so gib, dass auch ich aus deiner Liebe all denen vergebe, die mir übel tun. Und so wie du zu dem Schächer gesprochen hast: «Noch heute wirst du mit [**59v**] mir im Paradies sein», so gib, dass auch ich so lebe, dass du in der Stunde auch meines Todes sprichst: «Heute wirst du mit mir im Himmelreich sein.» Und so wie du zu deiner Mutter sprachst: «Frau, siehe, dein Sohn!», und dann zu dem Jünger: «Siehe, deine Mutter!», so gib, dass dein Verlangen und deine wahre Liebe auch mich deiner Mutter zugeselle. Und so wie du sprachst: «Helÿ helÿ lama sabachthani», [**60r**] das bedeutet: «Mein Gott, warum hast du mich verlassen?», so lass auch mich allzeit in Trauer und Angst sprechen: «Mein Vater, mein

Herr, erbarme dich deiner Sünderin», und hilf mir, mein König und mein Herr, der du mit deinem eigenen Blut mich erlöst hast. Und so wie du sprachst: «Mich dürstet», das war die Erlösung der heiligen Seelen, dic in der Vorhölle waren in Erwartung deiner heiligen Ankunft, so **[60v]** gib auch mir, dass ich dich immerzu lieb habe und mich mit ganzem Herzen sehne nach dir, dem Brunnen des lebendigen Wassers, den Brunnen des ewigen Lichtes liebe mit dem ganzen Verlangen meines Herzens. Und so wie du sprachst: «Vater, in deine Hände lege ich meinen Geist», so mach, dass auch ich in der Stunde meines Todes unbekümmert und fröhlich sage: «Vater, in deine Hände lege ich meinen **[61r]** Geist», nimm mich zu dir, wenn du das Ende meines Lebens bestimmt hast. Das siebte Wort. So wie du gesprochen hast: «Es ist vollbracht», das meint die Mühen und Schermerzen, die du für uns erlitten hast, so mach, dass auch ich deine allerschönste Stimme hören werde: «Komm her, meine Freundin, meine Allerliebste, denn nun **[61v]** habe ich den Mangel und die Armut von dir genommen. Komm in mein Reich, wo du gespeist und erfreut wirst und darin ewig wohnen wirst. Amen.[160]

Bitte um die «Hitze» für die Andacht (15. Jahrhundert)
St. Gallen, Stiftsbibliothek, Cod. Sang. 523, Bl. 20v–23r

[20v] Ich bitte Dich, lieber Herr, dass du mir die Hitze gibst, die du hattest, als du dein heiliges Blut von allen deinen Gliedern gabst. Pater Noster, Ave Maria. Ich bitte dich, lieber Herr, lieber Herr Gott, dass du mir die Hitze gibst, die mir die Andacht bringt, die allzeit dich betrachtet und mir erwerbe, was meinem Leib und meiner Seele notdürftig sei. Pater Noster, Ave Maria. Amen.

[21r] Wer dieses vorstehende Gebet andächtig betet, dem widerfahren fünfzehn Nutzen. Der erste Nutzen liegt darin, dass, auch wenn der Mensch dreissig Jahre in Todsünden gelebt hat, ihm Gott durch das Gebet auf der Stelle alle seine Sünden vergibt. Der andere Nutzen ist, dass ihn Gott vor der Versuchung bewahren wird, die ihm widerfahren mag. Der dritte Nutzen liegt darin, dass Gott ihm seine fünf Sinne beschützen und ihn vor dem unerwarteten Tod bewahren wird.

[21v] Der vierte Nutzen ist, dass, auch wenn der Mensch den Sünden verfallen ist, Gott ihn nicht sterben lassen wird, ehe er sich wieder von seinem Fall aufgerichtet hat. Der fünfte Nutzen ist, dass, wenn der Mensch dieses Gebet spricht, er besser ist als jemals zuvor. Der sechste Nutzen ist, dass Gott als Lohn sein Leben verlängern wird, so dass er mehr Lohn verdienen wird, als er sonst verdient hätte.

[22r] Der siebte Nutzen ist, was immer er unseren Herrn und unsere Frau bittet, das wollen sie in Ehren aufnehmen. Der achte Nutzen ist, dass er seine Seele aus dem Fegefeuer erlösen will. Der neunte Nutzen ist, dass er ihm alle Sünden vergeben wird, die er seit seiner Kindheit begangen hat. Der zehnte Nutzen ist, dass er den Fronleichnam unseres Herrn erhalten wird vor seinem Tod.

[22v] Der elfte Nutzen ist, dass ihn der Herr vom Brunnen seiner göttlichen Minne trinken lassen wird. Der zwölfte Nutzen ist, dass aus seinem Herz ein ganzer Strauss von Tugenden wachsen wird. Der dreizehnte Nutzen ist, dass, wer dieses Gebet spricht, unser Herr ihn behandelt, als ob er alle Tage seinen Willen erfüllt hätte und morgen sterben würde.

[23r] Der vierzehnte Nutzen ist, dass Gott ihn in seiner Klugheit beschützen wird, so dass er sich überall gebührlich verhält. Der fünfzehnte Nutzen ist, dass er dem Menschen den Segen vermitteln wird, den ihm sein Vater auf die Erde sandte, und ihn behüten und beschirmen vor allen Nöten und vor allen Sünden und vor seinen Feinden. In Gottes Namen. Amen.[161]

Das *Grosse Gebet der Eidgenossen* (1517)

Hermetschwil, Benediktinerinnenkloster, Cod. chart. 196, Bl. 19r–42r

In Gottes Namen. Amen.

1. Dieses nachfolgend aufgeschriebene Gebet soll man beten und vollbringen bei jeder Schwierigkeit in der ganzen Christenheit, sei es bei vielen Todesfällen, bei Dürren oder bei Uneinigkeit und Kriegen im ganzen Land; und es sagt ein Lehrmeister über das Gebet, dass es den Lebenden und den Toten nützlicher sei als jedes andere Gebet.

2. Nun sollen wir anrufen die Mutter der Barmherzigkeit, für uns bei Gott Fürsprache einzulegen, damit wir es so beginnen und zu Ende bringen, dass es zu Gottes Lob gereiche und auch seiner Mutter Maria, und eine Hilfe und ein Trost sei allen gläubigen Seelen und auch uns selbst und der ganzen Christenheit.

3. Nun betet drei Vaterunser und drei Ave Maria – in der Kniebeuge, ohne mit den Knien den Boden zu berühren – im Namen des Vaters, des Sohnes und des Heiligen Geistes.

4. Erneut drei Vaterunser und drei Ave Maria. Der Weisheit, in der Gott war, als er alle Dinge schuf; damit uns Gott helfe, dass wir so weise werden, dass wir allem widerstehen mögen, was gegen die Ehre Gottes und unser Seelenheil ist.

5. Erneut drei Vaterunser und drei Ave Maria, auf den Knien. In dem Namen, als Gott den ersten Menschen nach seinem Ebenbild erschuf; was er je an uns liebte oder wollte, dass es an uns vollbracht werde und nach seinem Willen geschehe.

6. Erneut drei Vaterunser und drei Ave Maria, sitzend. Der Ruhe, in welcher der Vater sich am siebenten Tag erholte, als er alle Dinge geschaffen hatte; und (wir) bitten, dass uns Gott Friede und Unbesorgtheit in der ganzen Christenheit geben möge, uns und allen gläubigen Seelen.

7. Erneut drei Vaterunser und drei Ave Maria, kniend. Als Adam und Eva in das Paradies gesetzt wurden; dass uns unser Herr in seinen Schutz und in seinen göttlichen Segen nehme, dass wir unser Leben in seinem göttlichen Willen leben.

8. Erneut drei Vaterunser und drei Ave Maria, kniend. Dem ersten Sündenfall, in welchem die Menschheit zu Fall kam; dass uns Gott vergebe, wo immer wir in Sünde oder in einen Fehler verfallen.

9. Erneut ein Vaterunser und ein Ave Maria, in der Kniebeuge. Als unsere liebe Frau den Fall der ersten Menschen wieder zum Guten wendete.

10. Erneut drei Vaterunser und drei Ave Maria, kniend. Als Adam und Eva von dem Engel aus dem Paradies vertrieben wurden; dass uns Gott helfe, dass wir nie von seinem göttlichen Trost vertrieben werden, in dieser Zeit und in Ewigkeit.

11. Erneut drei Vaterunser und drei Ave Maria, kniend. Der Gerechtigkeit unseres Herrn, die mehr als fünftausend Jahre dauerte, und dem rufenden Bitten nach Gnade und Barmherzigkeit; dass sich unser Herr erbarme über alle Christenheit und über alle gläubigen Seelen und er ihnen ihr Leiden nach seinem göttlichen Willen in ewige Ruhe verwandle.

12. Erneut drei Vaterunser und drei Ave Maria, kniend. Dem Tod, der da mehr als fünftausend Jahre währte, und dem Ratschluss der Heiligen Dreifaltigkeit, als sie den Sünder zu erlösen beschloss; dass uns Gott gebe die Weisheit und Vernunft, dass alles nach seinem Willen an uns vollbracht werde.

13. Erneut drei Vaterunser und drei Ave Maria, kniend. Als der Vater aus dem Himmel heraus sein väterliches Herz öffnete und seinen eingeborenen Sohn in diese Welt herabsandte, den armen Sünder zu erlösen.

14. Erneut drei Vaterunser und drei Ave Maria, in der Kniebeuge. Als der heilige Engel Gabriel unserer lieben Frau das ewige Wort verkündete.

[…]

124. Bete fünf Vaterunser und fünf Ave Maria, stehend. Den lieben Heiligen, zu deren Ehre dieses Gotteshaus geweiht ist, und allen Reliquien, die in allen Kirchen und Gotteshäusern der ganzen Christenheit aufbewahrt werden.

125. Ein Vaterunser und ein Ave Marie, in der Kniebeuge. Bete ein jeder Mensch für sich selbst, für seinen Vater und seine Mutter, für seine Geschwister und die Seelen aller seiner Vorfahren, auch für die, von denen uns je Gutes widerfahren ist oder widerfährt, und für alle gläubigen Seelen.

126. Erneut fünf Vaterunser und fünf Ave Maria, stehend. Den reinen Jungfrauen hl. Katharina und hl. Fides und allen reinen Jungfrauen und den vierzehn Nothelfern, allen lieben Heiligen Gottes und allen lieben Engeln und den himmlischen Heerscharen und auch der ganzen Christenheit und allen gläubigen Seelen; dass Gott uns allen helfe, dass wir seine treuen Diener und Dienerinnen werden, dass wir stets in seinem Dienst und in seiner Ehre und seinem Lob sein mögen.

127. Erneut drei Vaterunser und drei Ave Maria, in der Kniebeuge, ohne mit den Knien den Boden zu berühren. In der Ehre der Heiligen Dreifaltigkeit, dem Vater, dem Sohn und dem Heiligen Geist; dass Gott seine Barmherzigkeit mit all jenen teile, für die man in der ganzen Christenheit bitten soll.

128. Erneut neun Ave Maria, mit dreimaligem Niederknien auf ein Knie. Der auserwählten Mutter Gottes; und wir vertrauen all unser Gebet und unsere guten Taten, unsere Seele und unseren Leib, Ehre und Gut und auch unser Ende und alles, was wir besitzen, und auch alle, die in unserer Obhut sind, dem Trost Gottes und seiner auserwählten Mutter, der reinen Jungfrau, an.

129. Erneut drei Ave Maria, kniend. Dem englischen Gruss, welchen der heilige Gabriel, der Erzengel, der reinen und keuschen Jungfrau Maria überbrachte, unserer lieben Herrin, der heiligen Maria, indem er sprach: «Gegrüsst seist du, Maria, voller Gnade.»

130. Hiermit ein Ende.

Dieses Gebet soll auf eine Weise vollbracht werden, dass es Gott und seiner lieben, auserwählten Mutter zur Ehre gereiche und der ganzen Christenheit und allen gläubigen Seelen zu einem ewigen Trost. Dazu verhelfe uns Gott, der Vater, der Sohn und der Heilige Geist. Amen.

Maria, Mutter Gottes und reine Jungfrau, bitte für uns.

Dieses Gebet hat ein Ende, / Gott uns allen seine Gnade sende. / Der es betet und geschrieben hat, / dem vergebe Gott alle seine Missetat.

Amen.

Deo gracias.[162]

Das Bruder-Klausen-Gebet

Mein Herr und mein Gott,
nimm alles von mir, was mich hindert zu dir.
Mein Herr und mein Gott,
gib alles mir, was mich führet zu dir.
Mein Herr und mein Gott,
oh nimm mich mir, und gib mich ganz zu eigen dir.[163]

Anleitung zum Rosenkranz

In Anlehnung an die Dreiteilung des Psaltergebets (3 × 50 Psalmen) werden je 50 Mariengrüsse mit der Meditation des Lebens Jesu verknüpft. Die ersten fünfzig Ave Maria werden zum Lob des menschgewordenen Christus gesprochen (freudenreicher Rosenkranz), die nächsten fünfzig zum Lob Christi, der die Leiden auf sich nahm (schmerzhafter Rosenkranz) und die letzten fünfzig zum Lob des Auferstandenen (glorreicher Rosenkranz). Papst Johannes Paul II. fügte diesen drei traditionellen Rosenkranzgruppen 2002 einen weiteren hinzu (lichtvoller Rosenkranz).

Mit dem Rosenkranz wird wie folgt gebetet:

Das Kreuz steht für die Eröffnung des Gebets durch die Bekreuzigung («Im Namen des Vaters und des Sohnes und des Heiligen Geistes»), das Glaubensbekenntnis («Ich glaube an Gott ...») und ein Vaterunser.

Zu den drei daran anschliessenden Perlen werden drei «Gegrüsst seist du, Maria» gebetet, jedes nacheinander ergänzt durch einen der folgenden drei Verse: 1. «Jesus, der in uns den Glauben vermehre», 2. «Jesus, der in uns die Hoffnung stärke», 3. «Jesus, der in uns die Liebe entzünde.» Diese Einleitung wird mit der Doxologie «Ehre sei dem Vater» und einem Vaterunser abgeschlossen.

Darauf folgt nun der eigentliche Rosenkranz, mit jeweils fünf sogenannten Gesätzen, die aus je zehn «Gegrüsst seist du, Maria» für die fünf Zehnergruppen von Perlen bestehen, denen die Finger nachgehen. Dabei wird in jedem Gesätz nach dem Wort «Jesus» jeweils ein anderer Halbsatz ergänzt, gemäss den Vorlagen des freudenreichen, des schmerzhaften, des glorreichen oder des lichtreichen Rosenkranzes (vgl. unten).

Die Goldene Perle zwischen den Zehnergruppen steht für den Übergang zum nächsten Gesätz, der wieder aus einem «Ehre sei dem Vater» und einem Vaterunser besteht. Dann folgt das nächste Gesätz. Am Schluss des Wiederholungsgebets steht wieder die Kombination «Ehre sei dem Vater» und Vaterunser.[164]

Freundenreicher Rosenkranz

... den du, o Jungfrau, vom Heiligen Geist empfangen hast.
... den du, o Jungfrau, zu Elisabeth getragen hast.
... den du, o Jungfrau, geboren hast.
... den du, o Jungfrau, im Tempel aufgeopfert hast.
... den du, o Jungfrau, im Tempel wiedergefunden hast.

Schmerzhafter Rosenkranz

... der für uns Blut geschwitzt hat.
... der für uns gegeisselt worden ist.
... der für uns mit Dornen gekrönt worden ist.
... der für uns das schwere Kreuz getragen hat.
... der für uns gekreuzigt worden ist.

Glorreicher Rosenkranz
... der von den Toten auferstanden ist.
... der in den Himmel aufgefahren ist.
... der uns den Heiligen Geist gesandt hat.
... der dich, o Jungfrau, in den Himmel aufgenommen hat.
... der dich, o Jungfrau, im Himmel gekrönt hat.

Lichtreicher Rosenkranz (2002 von Papst Johannes Paul II. eingeführt)
... der von Johannes getauft worden ist.
... der sich bei der Hochzeit in Kana offenbart hat.
... der uns das Reich Gottes verkündet hat.
... der auf dem Berg verklärt worden ist.
... der uns die Eucharistie geschenkt hat.[165]

St. Gallen, Stiftsbibliothek
Cod. Sang. 997, S. 125
Papier, 128 Seiten
15.5 × 11 cm
Kloster St. Wiborada
St. Gallen-St. Georgen,
Joachim Cuontz, 1504

Die älteste bekannte Überlieferung des Bruder-Klausen-Gebets in der Schweiz.

vnd sterben von dem ge
manen tod vnd dz iung
st gricht vn alles dz wz
sin götlicher wil vnd wol ge
fallen ist vn dem mensche
nug ist ain sel vn ain
lib dz selb ist er in leren
vnd vnder wisen spricht
bruder niklaus

bruder klausen gewonliches
gebett

o min gott vn min schöpfer
nim mich vn gib mich
gantz zu aigen o min gott
vn min herr nim von mir
alles dz mich hindert gegen dir
o min gott vn min herr gib mir
alles dz mich furdert zu
dir Amen

Das Bruder-Klausen-Lied von Gallus Josef Scheel

Cornel Dora

Das Bruder-Klausen-Gebet «Mein Herr und mein Gott» des Schweizer Nationalheiligen Niklaus von Flüe (1417–1487) gehört in der Vertonung des St. Galler Domkapellmeisters Josef Gallus Scheel (1879–1946) zu den beliebtesten Gebeten und Kirchenliedern der Schweiz.[166]

Der Text berührt bis heute. Mit drei Bitten setzt sich die betende Person mit Gott in Beziehung:

Mein Herr und mein Gott, nimm alles von mir, was mich hindert zu dir.
Mein Herr und mein Gott, gib alles mir, was mich führet zu dir.
Mein Herr und mein Gott, oh nimm mich mir, und gib mich ganz zu eigen dir.

Gemäss Heinrich Stirnimann fusst das Gebet «in einer langen christlichen Sprachtradition; für fast jedes Wort und für fast jede Wendung des kurzen Gebetleins gibt es Belege (Parallelen) in Gebetsformeln, die um Jahrhunderte vorausgehen.»[167] Spürbar ist besonders der Einfluss der spätmittelalterlichen Mystik. Inhaltlich nahe ist eine Stelle in Heinrich Seuses (1295/97–1366) *Büchlein der ewigen Weisheit*, die Bruder Klaus vielleicht bekannt war: *Ich gibe mich dir und nime dich dir / und vereine dich mit mir; / du verlúrest dich und wirst verwandelt in mich.*[168] Diese Art Denken führt letztlich zurück bis hin zu Augustinus (354–430): «Du wirst mich nicht wandeln wie die Speise deines Fleisches, sondern du wirst in mich gewandelt werden.» (Confessiones VII,10)[169]

Lange bestand die Meinung, dass es für das Bruder-Klausen-Gebet nur gedruckte Zeugen gebe. Erst 1938 veröffentlichte Dominikus Planzer einen ersten handschriftlichen Beleg, dem die Gebetsforscher Kurt Ruh (1914–2002) und Peter Ochsenbein (1940–2003) bis 1981 nicht weniger als neun weitere hinzufügten. Der älteste von ihnen stammt aus dem letzten Jahrzehnt des 15. Jahrhunderts und befindet sich in der Staatsbibliothek Berlin (Ms. germ. qu. 636, Bl. 12v). Die Stiftsbibliothek besitzt in Cod. Sang. 997, einer Handschrift aus dem Frauenkloster St. Wiborada in St. Gallen-St. Georgen von 1504, den hier abgebildeten ältesten Textzeugen in der Schweiz.[170] Er hat den folgenden Wortlaut:

bruoder klausen gewonliches gebett
o min gott und min schöpfer nim mich und gib mich gantz zuo aigen
o min gott und min herr nim von mir alles das mich hindert gegen dir
o min gott und min herr gib mir alles das mich furdret zuo dir
Amen

Diese seit dem Ende des 15. Jahrhunderts handschriftlich bezeugte Version, in der Forschung Fassung I genannt, ist dem von Bruder Klaus gebeteten Text näher als die erstmals 1540 in einem reformatorischen Flugblatt belegte Fassung II, die wie folgt lautet:

O herr nimm von mir *Was mich wendt von dir.*
O herr gib auch mir *Das mich koert zuo dir.*
O herr nimm mich mir *Und gib mich aigen dir.*

In dieser kürzeren Version wurde der Text inhaltlich neu geordnet, indem Vers 1 als Steigerung an den Schluss verschoben wurde. Dadurch wird im abschliessenden Vers die Gebetsaussage der vorausgehenden zwei Bitten gewissermassen erfüllt.[171]

Im weiteren Textgebrauch wurden einige Elemente von Fassung I wieder aufgenommen, konkret die Verdoppelung der Anrede zu «Mein Herr und mein Gott» sowie die Verben «hindern» statt «wenden» und «fördern» bzw. «führen» statt «kehren».[172]

Es ist davon auszugehen, dass das Bruder-Klausen-Gebet immer wieder auch gesungen wurde. Vertonungen sind jedenfalls seit dem Ende des 19. Jahrhunderts bezeugt, erstmals im Jahr 1892 von Gustav Arnold, der eine lateinische Übersetzung zugrunde legte:[173]
Dominus meus et Deus meus! aufer a me omnia, quae me prohibent a te.
Dominus meus et Deus meus! da mihi omnia, quae me promovent ad te.
Dominus meus et Deus meus! aufer me mihi et fac me proprium tibi.
Die deutsche Originalfassung des Gebets erfuhr mit dem Aufschwung der Verehrung des Heiligen zu Beginn des 20. Jahrhunderts ebenfalls mehrere musikalische Umsetzungen, etwa 1914 durch den deutschen Komponisten Max Reger (1873–1916) und 1917 durch den Heimatdichter und Komponisten Ignaz Kronenberg (1858–1937), Pfarrer im luzernischen Meierskappel.[174]

Überhaupt entstand in der ersten Hälfte des 20. Jahrhunderts, in der sich die Bemühungen um die Heiligsprechung von Bruder Klaus (15. Mai 1947) immer stärker intensivierten und der Schweizer Nationalheilige als Integrationsfigur der Geistigen Landesverteidigung eine wichtige Rolle spielte, eine überaus reiche Musikliteratur zu seiner Person, darunter Arthur Honeggers (1892–1955) Oratorium *Nicolas de Flue* nach einem Text von Denis de Rougement (1906–1985), das für die Landesausstellung in Zürich (6. Mai bis 29. Oktober 1939) entstand.[175] Aus dieser Zeit stammen auch mehrere Messen, etwa von Ignaz Martin Mitterer (1850–1924, Missa in honorem B. Nicolai de Rupe, 1921) und Johann Baptist Hilber (1891–1973, Messe zu Ehren des heiligen Niklaus von Flüe, 1947).[176]

Die grösste Verbreitung all dieser Kompositionen hat zweifellos die einfühlsame musikalische Fassung des Bruder-Klausen-Gebets gefunden, die Josef Gallus Scheel in St.Gallen schuf. Das Autograph, heute in der Musikabteilung der Zentralbibliothek Zürich, ist mit dem 17. März 1939 datiert, entstand also in bewegter Zeit kurz vor Eröffnung der Landesausstellung in Zürich und ein halbes Jahr vor dem Ausbruch des Zweiten Weltkriegs.[177]

Scheels Komposition wurde zu einem beliebten Kirchenlied und ist heute in den Kirchengesangbüchern beider grossen Schweizer Konfessionen abgedruckt.[178] In dieser Fassung ist das Bruder-Klausen-Gebet heute fester Teil des schweizerischen Gebetsrepertoires.

Zürich, Zentralbibliothek, Musikabteilung, Nachlass Scheel, Mus NL 6: Aa 10:1
Papier, 1 Blatt
27 × 18 cm
St.Gallen, Gallus Josef Scheel, 17. März 1939

Gebet des sel. Bruder Klaus.

Feierlich u. mit inniger Steigerung

Tonsatz v. J. G. Scheel.

Anhang

Anmerkungen

1 Dazu immer noch grundlegend Friedrich Heiler, Das Gebet. Eine religionsgeschichtliche und religionspsychologische Untersuchung, 3. Auflage, München 1921, S. 202–209; ausserdem Oscar Cullmann, Das Gebet im Neuen Testament, Tübingen 1994, S. 16–18.

2 Euripides, Die Troerinnen, in deutscher Bearbeitung von Franz Werfel, Leipzig 1915, S. 53–54.

3 Walahfrid Strabo, Vita sancti Galli – Das Leben des heiligen Gallus, Lateinisch/Deutsch, Übersetzung von Franziska Schnoor, Stuttgart 2012, S. 48–49.

4 Heiler, Gebet (Anm. 1), S. 1.

5 Volkert Haas, Die hethitische Literatur. Texte, Stilistik, Motive, Berlin 2006, S. 245–271, hier S. 255–258, Zitat S. 258.

6 Euripides, Helena, Ion, Die Phönikerinnen, Alkestis. Vier Tragödien, übertragen und erläutert von Ernst Buschor, Zürich 1979, S. 330.

7 Die Literatur zum Thema ist umfangreich. Grundlegend ist immer noch: Heiler, Gebet (Anm. 1). Neuere Zugänge der mediävistischen Gebetsforschung sind dokumentiert in: Medialität und Praxis des Gebets, hrsg. von Mirko Breitenstein und Christian Schmidt (Mittelalter 24,2), Berlin 2019.

8 Vgl. Cullmann, Das Gebet im Neuen Testament (Anm. 1), S. 12–18.

9 Stefan Berg, Beten mit Luhmann. Zu einer systemtheoretischen Deutung des christlichen Gebets, in: Hermeneutische Blätter 2014/2, S. 206–222.

10 Hugo von St. Viktor, De virtute orandi, in: L'œuvre de Hugues de Saint-Victor, Bd. 1: De institutione novitiorum, De virtute orandi, De laude caritatis, De arrha animae, texte latin par H.B. Feiss et P. Sicard, traduction française par D. Poirel, H. Rochais et P. Sicard, introductions, notes et appendices par D. Poirel (Sous la règle de Saint Augustin), Turnhout 1997, S. 115–170.

11 Summa theologiae, IIa–IIae, q. 83 a. 2 ad 1: «Ad primum ergo dicendum quod non est necessarium nos Deo preces porrigere ut ei nostras indigentias vel desideria manifestemus, sed ut nosipsi consideremus in his ad divinum auxilium esse recurrendum.»

12 Martin Luther, Werke. Kritische Gesamtausgabe, Bd. 32: Predigten des Jahres 1530, Weimar 1906, S. 419: «Also das wir durch unser gebet mehr uns selbs unterrichten denn in.»

13 Frank Jehle, Die Aarauer Konferenz (1897–1939). Spiegel der evangelischen Theologiegeschichte, Zürich 2020, S. 227–234, bes. S. 230: «Worauf beruht nun, schon rein menschlich betrachtet, das Befreiende und Erlösende beim Gebet? […] Wir gewinnen Abstand von unserem Dasein, wir treten auf einen Punkt ausserhalb, von dem aus man das Ganze sich gegenüberstellen kann.»

14 Die Benediktsregel. Lateinisch/Deutsch. Mit der Übersetzung der Salzburger Äbtekonferenz, hrsg. von Ulrich Faust, Stuttgart 2009.

15 Ebd., Kap. 8–20.

16 Vgl. beispielsweise: Stephan Waldhoff, Alcuins Gebetbuch für Karl den Grossen, Münster 2003; Nigel F. Palmer, Manuscripts of the Earliest Middle High German Prayers, c. 1150–1250, in: Vernacular Manuscript Culture 1000–1500, hrsg. von Erik Kwakkel, Leiden 2018, S. 51–103.

17 Vgl. vor allem Kap. 48 zum Tagesablauf der Mönche und Kap. 52 zum Oratorium.

18 Meine Übersetzung nach Desiderius Erasmus, Moriae encomium, [Basel] bei Froben 1532, S. 148f.; VD16 E 3198. Ich habe das digitalisierte Exemplar der UB Basel benutzt: https://doi.org/10.3931/e-rara-5673 (26.10.20).

19 Simone Mengis, Schreibende Frauen um 1500. Scriptorium und Bibliothek des Dominikanerinnenklosters St. Katharina St. Gallen, Berlin 2013, S. 91–95; Die Handschriften der Stiftsbibliothek St. Gallen. Bd. 2: Abt. III/2: Codices 450–546. Liturgica, Libri precum, deutsche Gebetbücher, Spiritualia, Musikhandschriften, 9.–16. Jahrhundert, beschreibendes Verzeichnis, bearbeitet von Beat Matthias von Scarpatetti unter Mitarbeit von Philipp Lenz, Wiesbaden 2008, S. 137–141.

20 Die Andachtsübung wird gleichwohl verbreitet gewesen sein, denn bereits in den hier gezeigten Handschriften taucht sie (in völlig anderer Textgestalt) erneut auf, nämlich im ersten Faszikel des Hermetschwiler Cod. chart. 196 (fol. 14v–16r), der in der zweiten Hälfte des 16. Jahrhunderts geschrieben wurde.

21 Magda Marx-Weber, Miserere, in: MGG Online, hrsg. von Laurenz Lütteken, Kassel/Stuttgart/New York 2016ff., zuerst veröffentlicht 1997, online veröffentlicht 2016, https://www.mgg-online.com/mgg/stable/19761 (26.10.20); vgl auch: Miserere mei, Deus. Psalm 51 in Bibel und Liturgie, in Musik und Literatur, hrsg. von Dominik Helms, Franz Körndle und Franz Sedlmeier, Würzburg 2015.

22 Stefan Matter, Mittelhochdeutsche Tagzeitentexte im Spannungsfeld von Liturgie und Privatandacht. Zu Formen des Laienstundengebetes im deutschsprachigen Mittelalter, in: Lehren, Lernen und Bilden in der deutschen Literatur des Mittelalters, XXIII. Anglo-German Colloquium Nottingham 2013, hrsg. von Henrike Lähnemann, Nicola McLelland und Nine Miedema, Tübingen 2017, S. 171–185.

23 Arnold Angenendt, Thomas Braucks, Rolf Busch, Thomas Lentes und Hubertus Lutterbach, Gezählte Frömmigkeit, in: Frühmittelalterliche Studien 29 (1995), S. 1–71. – In unserem Beispiel wären es 15×365×100= 547'500 Blutstropfen.

24 Vgl. dazu Stefan Matter, Das Stundenlied ‹Patris sapientia› und seine deutschsprachigen Übertragungen. Zu einem Schlüsseltext der spätmittelalterlichen Gebetbuchliteratur, in: Die Kunst der *brevitas*. Kleine literarische Formen des deutschsprachigen Mittelalters. Rostocker Kolloquium 2014, hrsg. von Franz-Josef Holznagel und Jan Cölln in Verbindung mit Ricarda Bauschke-Hartung und Susanne Köbele, Berlin 2017, S. 137–153.

25 Gottlieb August Crüwell, Der Bücherfluch. Seine Geschichte, seine Bedeutung, seine Ausläufer, in: Mitteilungen des Österreichischen Vereins für Bibliothekswesen 8 (1904), S. 178–184; 9 (1905), S. 27–31, 96–101, 129–135; Gerhard Eis, Verfluchung des Buchdiebs, in: Neophilologus 46 (1962), S. 283–286.

26 Die Berner-Chronik des Diebold Schilling 1468–1484, Bd. 1–2, hrsg. von Gustav Tobler, Bern 1897–1901, Bd. 2, Kap. 355–358, S. 177–183.

27 Beispielsweise beschliesst der Rat am 5. August 1477: *An die clöster allenthalben uf dem land, mit messen und crútzgängen got umb guot wetter zuo bitten*; am 19. September ergeht die Anweisung an alle Klöster, Dekane und Geistlichen, *den almächtigen got anzuorüfen und besunder uf nächstkomenden fritag ein ampt zuo trost aller glöubigen selen und besunder unser lieben vordern glich als uf aller selen tag zuo haben, und nach dem ampt über alle greber zuo gan* (ebd., S. 177).

28 Ebd., S. 182.

29 https://www.welt.de/wissenschaft/article160307894/Beten-hilft-nicht.html (10. Juli 2020); https://www.n-tv.de/wissen/Die-Wirkung-des-Gebets-article703677.html (10. Juli 2020); https://www.gesundheitstrends.de/gesundheitstrends/interviews/gebet.php (10. Juli 2020).

30 Für fachliche Hinweise danke ich Adrian Schenker, Freiburg CH, und Frank Jehle, St.Gallen.

31 Georg Fischer und Dominik Markl, Das Buch Exodus, Stuttgart 2009, S. 173.

32 Freundlicher Hinweis von Adrian Schenker, Freiburg CH.

33 Fischer/Markl, Exodus (Anm. 31), S. 172–173; Rainer Albertz, Exodus, Bd. 1: Ex 1–18, Zürich 2012, S. 253–255.

34 Helmut Utzschneider und Wolfgang Oswald, Exodus 1–15, Stuttgart 2013, S. 327–343.

35 Anton von Euw, Die St.Galler Buchkunst vom 8. bis zum Ende des 11. Jahrhunderts, Bd. 1: Textband, St. Gallen 2008, S. 105–108 und S. 385.

36 Für fachliche Hinweise danke ich Adrian Schenker, Freiburg CH, und Frank Jehle, St.Gallen. Amy-Jill Levine und Ben Witherington III, The Gospel of Luke, Cambridge 2018, S. 39–43.

37 Interpretation durch den Monteverdi-Chor Würzburg auf YouTube: https://www.youtube.com/watch?v=ChdPI7H-DIo (17.7.20). Eine Liste der zahlreichen Vertonungen im Wikipedia-Artikel «Magnificat», https://de.wikipedia.org/wiki/Magnificat#Musikalische_Umsetzung (17.7.20). Für den Hinweis auf John Rutter danke ich Albert Holenstein, St.Gallen.

38 Rupert Schaab, Griechischkenntnisse im Kloster St.Gallen und die Gefangenschaft des heiligen Methodios. Eine marginalisierte Geschichte?, in: Deutsches Archiv für Erforschung des Mittelalters 74 (2018), S. 449–523, hier S. 477–487. Zur Handschrift ausserdem Walter Berschin, Der griechische Septuagintapsalter in abendländischen Bibliotheken der Spätantike und des Mittelalters, in: Ders., Mittellateinische Studien III, Heidelberg 2017, S. 11–22; Ernst Tremp, Gelehrte Beschäftigung mit der griechischen Bibel: die Psalmen, in: Im Anfang war das Wort. Die Bibel im Kloster St.Gallen, St.Gallen 2012, S. 52–53.

39 Karlfried Froehlich, The Lord's Prayer in Patristic Literature, in: A History of Prayer. The First to the Fifteenth Century, hrsg. von Roy Hammerling, Leiden 2008, S. 59–77.

40 Der Begriff hat sich durchgesetzt, obwohl beispielsweise der *Vocabularius Sancti Galli* der Stiftsbibliothek (Cod. Sang. 913) als älter gilt.

41 Eduard Lohse, Vater unser. Das Gebet der Christen, Darmstadt 2012, S. 9–12 und 16–29; Cullmann, Das Gebet im Neuen Testament (Anm. 1), S. 49–57; Hermut Löhr, Vaterunser, in: Taschenlexikon Religion und Theologie, hrsg. von Friedrich Wilhelm Horn und Friederike Nüssel, Bd. 3, 5. Auflage, Göttingen 2008, S. 1227–1228.

42 Cullmann, Das Gebet im Neuen Testament (Anm. 1), S. 57.

43 Lohse, Vater unser (Anm. 41), S. 88–92.

44 Ebd., S. 13–16; Cullmann, Das Gebet im Neuen Testament (Anm. 1), S. 53.

45 Cullmann, Das Gebet im Neuen Testament (Anm. 1), S. 49, Anm. 49.

46 Für den Hinweis danke ich Frank Jehle, St.Gallen. Zum Bittgebet vgl. Cullmann, Das Gebet im Neuen Testament (Anm. 1), S. 31–39.

47 Ebd., S. 135–137.

48 Ebd.

49 Joachim Gnilka, Das Matthäusevangelium, Erster Teil, Kommentar zu Kapitel 1,1–13,58, Freiburg im Breisgau 2000, S. 139–140, 261–262.

50 Gnilka, Das Matthäusevangelium, Zweiter Teil, Kommentar zu Kapitel 14,1–28,20, Freiburg im Breisgau 2000, S. 213; Cullmann, Das Gebet im Neuen Testament (Anm. 1), S. 41–42. Zum Gleichnis des verdorrten Feigenbaums auch: Ulrich Luck, Das Evangelium nach Matthäus, Zürich 1993, S. 229–230.

51 Tino Licht, Halbunziale. Schriftkultur im Zeitalter der ersten lateinischen Minuskel (III.–IX. Jahrhundert), Stuttgart 2018, S. 124–128.

52 Dazu auch Heiler, Gebet (Anm. 1), S. 47–58 und 98–109.

53 Give me Strength, in: Wikipedia, https://en.wikipedia.org/wiki/Give_Me_Strength#:~:text=%22Give%20Me%20Strength%22%20is%20a,Ocean%20Boulevard%20under%20RSO%20Records. (30.9.20).

54 The Long and Winding Road, in: Wikipedia, https://de.wikipedia.org/wiki/The_Long_and_Winding_Road (30.9.20).

55 Samba Pa Ti, in: Wikipedia, https://en.wikipedia.org/wiki/Samba_Pa_Ti_(instrumental) (4.10.20). Songtext von José Feliciano: https://www.songtexte.com/songtext/jose-feliciano/samba-pati-3be394dc.html (4.10.20).

56 Grundlegend: Adolph Franz, Die Messe im deutschen Mittelalter. Beiträge zur Geschichte der Liturgie und des religiösen Volkslebens, Freiburg im Breisgau 1902; Ferdinand Probst, Die Abendländische Messe vom fünften bis zum achten Jahrhundert, Münster 1896.

57 Michael Fiedrowicz, Die überlieferte Messe. Geschichte, Gestalt und Theologie des klassischen römischen Ritus, Mülheim 2011, S. 11–17.

58 Christine Jakobi-Mirwald, Buchmalerei. Terminologie in der Kunstgeschichte, 4. Auflage, Berlin 2015, S. 27.

59 Für mehrere Hinweise dazu danke ich Christine Jakobi-Mirwald, Weiler (Deutschland). Für den Hinweis, dass das Bild wohl zum älteren Teil, der Text aber zum neueren Teil gehört, danke ich Stefan Matter.

60 Derek H. Turner, Sacramentaries of Saint Gall in the tenth and eleventh centuries, in: Revue Bénédictine 81 (1971), S. 186–215, hier S. 195–196; von Euw, St.Galler Buchkunst (Anm. 35), S. 274.

61 Christine Jakobi-Mirwald, Kreuzigung und Kreuzabnahme in den Weingartener Handschriften des 12. und 13. Jahrhunderts, in: 900 Jahre Heilig-Blut-Verehrung in Weingarten 1094–1994, hrsg. von Norbert Kruse und Hans Ulrich Rudolf, Sigmaringen 1994, S. 185–208, hier S. 200 und Anm. 87 und 88.

62 Grundlegend dazu: Peter Wagner, Das Media vita, in: Schweizerisches Jahrbuch der Musikwissenschaft 1 (1924), S. 18–40; Walther Lipphardt, «Mitten wir im Leben sind». Zur Geschichte des Liedes und seiner Weise, in: Jahrbuch für Liturgik und Hymnologie 8 (1963), S. 99–118.

63 Johannes Duft, «Kostbar ist der Tod». Tröstliche Geschichten vom Sterben im mittelalterlichen Galluskloster, St.Gallen 2002, S. 117–124, hier S. 117.

64 Therese Bruggisser-Lanker, Musik und Tod im Mittelalter. Imaginationsräume der Transzendenz, Göttingen 2010, S. 123–125.

65 Walter Lipphardt, «Media vita in morte sumus» (deutsch), in: Verfasserlexikon, Bd. 6, Berlin 1985, Sp. 271–275, hier Sp. 273–275.

66 Lipphardt, «Media vita in morte sumus» (Anm. 65), Sp. 272; Bruggisser-Lanker, Musik und Tod (Anm. 64), S. 152–153.

67 Lipphardt, «Mitten wir im Leben sind» (Anm. 62), S. 101–102, wo allerdings unsere Handschrift ebenso fehlt wie bei Duft, «Kostbar ist der Tod» (Anm. 63), S. 118.

68 Duft, «Kostbar ist der Tod» (Anm. 63), S. 119–121; Cod. Sang. 1408, S. 229–230.

69 Duft, «Kostbar ist der Tod» (Anm. 63), S. 119–121., Roman Bannwart, Media Vita, in: Maria Einsiedeln, 1963, Heft 12, S. 500–504.

70 Ekkehart IV., St.Galler Klostergeschichten (Casus sancti Galli), hrsg. und übersetzt von Hans F. Haefele und Ernst Tremp, unter Mitarbeit von Franziska Schnoor, Wiesbaden 2020, S. 314–317.

71 Duft, «Kostbar ist der Tod» (Anm. 63), S. 121; Johannes Duft, Deutschsprachige geistliche Barockdichtung von P. Anton Widenmann (1597–1641) in der Abtei St.Gallen, Sigmaringen 1999, S. 103–107.

72 Zur Interpretation Gnilka, Matthäusevangelium 2 (Anm. 50), S. 408–415; Ulrich Luck, Das Evangelium nach Matthäus, Zürich 1993, S. 288–289; Walter Schmithals, Das Evangelium nach Lukas, Zürich 1980, S. 214–215; Rudolf Schnackenburg, Matthäusevangelium 16,21–28,20, Würzburg 1987, S. 263–264.

73 Justine Thüner, Ölberg, in: Lexikon der christlichen Ikonographie, Bd. 3, Rom 1971, Sp. 342–349.

74 Zur Entstehung der Sammlung Kemli, ihrem Verkauf 1930 und teilweisen Rückerwerb 2011–2018 Cornel Dora, Willkommen daheim! Die Rückerwerbung von fünf Holzschnitten aus der Sammlung von Gallus Kemli (15. Jahrhundert) durch die Stiftsbibliothek St.Gallen, in: Librarium 60 (2017), S. 66–88. Dazu ist zu ergänzen, dass im Zusammenhang mit Inventarisierungsarbeiten 2018/19 zwei weitere Stücke in der Stiftsbibliothek aufgefunden wurden, nämlich Scherrer Nr. 7, St.Landelin (allerdings wohl erst 1510 und deshalb nicht Teil der ursprünglichen Sammlung Kemli), und Scherrer Nr. 16, Die Kreuzigung (Schrotblatt des «Meisters mit dem Keulenwappen», um 1465).

75 Ebd., S. 66.

76 Zur Geschichte des Blatts auch: Armin Kunz, Trugbilder: Das uneingelöste Versprechen reprographischer Objektivität, in: Armin Kunz, Christian Müller und Lothar Schmitt, Die kolorierten Einblattholzschnitte der Stiftsbibliothek St.Gallen. Der 1930 veräusserte Kemli Band, Bern 2013, S. 37–42. Für inhaltliche Hinweise danke ich Ulrike Ganz, Zürich.

77 Dieter Munk, Die Ölberg-Darstellung in der Monumentalplastik Süddeutschlands. Untersuchung und Katalog. Diss. Tübingen, o.O. 1968. Dieses Werk ist grundlegend für die Ölberge in Süddeutschland (leider ohne Schweiz und Österreich) mit Einführung und einem Katalog von 427 Werken (die Liste ist sehr hilfreich, aber nicht vollständig, beispielsweise fehlt der Ölberg in Tiengen). Allgemein: Thüner, Ölberg (Anm. 73), Sp. 343–344; Wikipedia, Ölberggruppe, https://de.wikipedia.org/wiki/%C3%96lberggruppe (31.8.2020).

78 Johannes Kessler, Sabbata, mit kleineren Schriften und Briefen, unter Mitwirkung von Emil Egli und Rudolf Schoch hrsg. vom Historischen Verein des Kantons St.Gallen, St.Gallen 1902, S. 288; Philipp Lenz, Reichsabtei und Klosterreform. Das Kloster St.Gallen unter dem Pfleger und Abt Ulrich Rösch 1457–1491, St.Gallen 2014, S. 227.

79 Cornel Dora, Der St.Galler Münstersturm vom 23. Februar 1529, in: Die Reformation bricht durch: Phänomene und Folgen, Neujahrsblatt des Historischen Vereins des Kantons St.Gallen 158 (2018), S. 68–99, hier S. 73. Schriftliche Quellen dazu: Kessler, Sabbata (wie Anm. 78), S. 288. Fridolin Sicher, Chronik, hrsg. von Ernst Götzinger, St.Gallen 1885, S. 88–89; Die Chronik des Hermann Miles, hrsg. von Ernst Götzinger, St.Gallen 1902, S. 351. Ausserdem Erwin Poeschel, Die Kunstdenkmäler des Kantons St.Gallen, Bd. 3 (Die Stadt St.Gallen), Teil 2 (Das Stift), Basel 1961, S. 78.

80 Roger S. Wieck, The Book of Hours in Medieval Art and Life, London 1988.

81 Ausstellungskatalog: Bilderwelten. Buchmalerei zwischen Mittelalter und Neuzeit, Katalogband zu den Ausstellungen der Bayerischen Staatsbibliothek vom 13. April 2016 bis zum 24. Februar 2017, hrsg. von der Bayerischen Staatsbibliothek, redigiert von Claudia Fabian, Karl-Georg Pfändtner und Juliane Trede, Luzern 2016.

82 Ausstellungskatalog: Andachtsbücher des Mittelalters aus Privatbesitz. Katalog zur Ausstellung im Schnütgen-Museum, bearbeitet von Joachim M. Plotzek, Köln 1987.

83 Von Scarpatetti, Handschriften 2, III/2 (Anm. 19), S. 63–66.

84 J. H. Emminghaus, Veronika, in: Lexikon der Christlichen Ikonographie 8 (1976), Sp. 543–544.

85 Ewa Kuryluk, Veronica and Her Cloth. History, Symbolism, and Structure of a ‹true Image›, Cambridge 1991.

86 Albert de Remacle, Dictionnaire généalogique des familles d'Auvergne, Teil 2, Chamalières 1997; von Scarpatetti, Handschriften 2, III/2 (Anm. 19), S. 181–186.

87 M. Anstett-Janssen, Martha von Bethanien, in: Lexikon der Christlichen Ikonographie 7 (1974), Sp. 565–568.

88 Von Scarpatetti, Handschriften 2, III/2 (Anm. 19), S. 261–268.

89 Peter Ochsenbein, Spätmittelalterliche Buchausstattung in deutschsprachigen Gebetbüchern am Beispiel der St. Galler Bestände der Stiftsbibliothek und der Kantonsbibliothek (Vadiana), in: Unsere Kunstdenkmäler 34 (1983), S. 176–183, hier S. 177.

90 Peter Ochsenbein, Bild und Gebet. Spätmittelalterliche Passionsfrömmigkeit in St. Galler Gebetbüchern, in: Codices Sangallenses. Festschrift für Johannes Duft zum 80. Geburtstag, hrsg. von Peter Ochsenbein und Ernst Ziegler, Sigmaringen 1995, S. 137–146, hier S. 140–141 und 145–146 mit Anm. 30 und Abb. 2.

91 Beat Matthias von Scarpatetti, Katalog der datierten Handschriften in der Schweiz in lateinischer Schrift vom Anfang des Mittelalters bis 1550, Bd. 2: Die Handschriften der Bibliotheken Bern–Porrentruy, Dietikon–Zürich 1983, S. 64 (Nr. 163).

92 Peter Ochsenbein, Das persönliche Gebetbuch von Abt Ulrich Rösch, in: Werner Vogler, Ulrich Rösch, St. Galler Fürstabt und Landesherr. Beiträge zu seinem Wirken und seiner Zeit, St. Gallen 1987, S. 31–64. – Zu Ulrich Rösch vgl. Lenz, Reichsabtei und Klosterreform (Anm. 78).

93 Stefan Matter, Vom Rand her betrachtet. Texte und Bildzyklen in den Bordüren mittelalterlicher Bücher, in: Belles Lettres. Les figures de l'écrit au Moyen Âge / Figurationen des Schreibens im Mittelalter, hrsg. von Marion Uhlig und Martin Rohde (Scrinium Friburgense 44), Wiesbaden 2019, S. 123–154.

94 Peter Ochsenbein, Beten mit Bild und Wort. Der Meditationszyklus der Hildegard von Bingen nach der Handschrift für den St. Galler Abt Ulrich Rösch. Codex Einsidlensis 285, Devotionale pulcherrimum. 2 Bände, Zollikon-Zürich 1996.

95 Lucien Febvre, Une question mal posée. Les origines de la réforme française et le problème général des causes de la réforme, in: Revue Historique 161.1 (1929), S. 1–73, hier S. 39.

96 Erich Meuthen, Das 15. Jahrhundert, 4. Auflage, überarbeitet von Claudia Märtl, München 2012, S. 161.

97 Bernhard Schmeidler, Das späte Mittelalter von der Mitte des 13. Jahrhunderts bis zu Reformation, 2. Auflage, Darmstadt 1962, S. 429.

98 Peter Jezler, Himmel, Hölle, Fegefeuer. Das Jenseits im Mittelalter, 2. Auflage, Zürich 1994.

99 Berndt Hamm, Ablass und Reformation. Erstaunliche Kohärenzen, Tübingen 2016.

100 Von Scarpatetti, Handschriften 2, III/2 (Anm. 19), S. 133–137.

101 Peter Ochsenbein, Zur Geschichte des Gebetbuches von Abt Ulrich Rösch [Cod. Eins. 285], in: Ochsenbein, Beten mit Bild und Wort (Anm. 94), S. 9–24.

102 Rainer Rudolf, Rudolf Mohr und Gerd Heinz-Mohr, Ars moriendi, in: Theologische Realenzyklopädie, Bd. 4 (1979), S. 143–156.

103 Katalog der mittelalterlichen Handschriften der Klöster Muri und Hermetschwil, hrsg. von Charlotte Bretscher-Gisiger und Rudolf Gamper, Dietikon-Zürich 2005, S. 331–335.

104 Ruth Wiederkehr, Bodleian Library, MS. Don. e. 250. Der Kopert – Ein funktionaler und kunstvoller Einband, in: German Manuscripts in Oxford. In Honour of Nigel F. Palmer, Oxford German Studies 46 (2017), S. 162–167.

105 Ruth Wiederkehr, Lesen, schreiben, beten, heilen. Die Bibliothek des mittelalterlichen Klosters Hermetschwil, Zürich 2018.

106 Von Scarpatetti, Handschriften 2, III/2 (Anm. 19), S. 333–339.

107 Von Scarpatetti, Handschriften 2, III/2 (Anm. 19), S. 154–157.

108 Kathleen M. Ashley, Creating Family Identity in Books of Hours, in: Journal of Medieval and Early Modern Studies 32 (2002), S. 145–166.

109 Peter Ochsenbein, Hortulus animae, in: Verfasserlexikon, Bd. 4, Berlin 1983, Sp. 147–154; M[aria] Consuelo Oldenbourg, Hortulus animae. [1494]–1523. Bibliographie und Illustration, Hamburg 1973.

110 Jeffrey F. Hamburger, Another Perspective. The Book of Hours in Germany, in: Books of Hours Reconsidered, hrsg. von Sandra Hindman und James H. Marrow, Turnhout 2013, S. 97–152.

111 Klaus Schreiner, Verschriftlichung als Faktor monastischer Reform. Funktionen von Schriftlichkeit im Ordenswesen des hohen und späten Mittelalters, in: Pragmatische Schriftlichkeit im Mittelalter. Erscheinungsformen und Entwicklungsstufen, hrsg. von Hagen Keller, Klaus Grubmüller und Nikolaus Staubach, München 1992, S. 37–76.

112 Von Scarpatetti, Handschriften 2, III/2 (Anm. 19), S. 137–141.

113 Simone Mengis, «Schönau, Cordula von», in: Historisches Lexikon der Schweiz (HLS), Version vom 25.08.2011. Online: https://hls-dhs-dss.ch/de/articles/048093/2011-08-25/ (16.9.20).

114 Jacqueline Jenkins und Katherine J. Lewis, S. Katherine of Alexandria. Texts and Contexts in Western Medieval Europe, Turnhout 2003.

115 Hugo von St. Viktor, De virtute orandi (Anm. 10), S. 115–170.

116 Mittelalterliche Bibliothekskataloge Deutschlands und der Schweiz, Bd. 1: Die Bistümer Konstanz und Chur, bearb. von Paul Lehmann, München 1918, S. 135–143.

117 Petra Seegets, Passionstheologie und Passionsfrömmigkeit im ausgehenden Mittelalter. Der Nürnberger Franziskaner Stephan Fridolin (gest. 1498) zwischen Kloster und Stadt, Tübingen 1998.

118 Stefan Matter, Die Vermittlung theologischen Wissens im Umfeld von Stephan Fridolins ‹Schatzbehalter›. Zugleich ein Beitrag zur Rezeption des Traktats ‹Ars et modus contemplativae vitae›, in: Diagramm und Text. Diagrammatische Strukturen und die Dynamisierung von Wissen und Erfahrung. Überstorfer Colloquium 2012, hrsg. von Eckart Conrad Lutz, Vera Jerjen und Christine Putzo, Wiesbaden 2014, S. 205–240.

119 Ochsenbein, Buchausstattung (Anm. 89), S. 182.

120 Angenendt et al., Gezählte Frömmigkeit (Anm. 23), S. 1–71.

121 E. S. Gerstenberger, Psalmen (Buch), in: Neues Bibel-Lexikon, Bd. 3, hrsg. von Manfred Görg und Bernhard Lang, Düsseldorf 2001, Sp. 209–213, hier Sp. 211.

122 Manfred Oeming, Das Buch der Psalmen, 3 Bände, Stuttgart 2000–2016. Hier: Bd. 1: Psalm 1–41, Stuttgart 2000, S. 29–31.

123 Frank-Lothar Hossfeld und Erich Zenger, Die Psalmen 1: Psalm 1–50, Würzburg 1993, S. 8.

124 Hans-Joachim Kraus, Theologie der Psalmen, Neukirchen-Vluyn 1979, S. 223.

125 Regula Benedicti – Die Benediktusregel lateinisch/deutsch, hrsg. im Auftrag der Salzburger Äbtekonferenz, Beuron 1992, S. 135.

126 Ekkehart IV., St. Galler Klostergeschichten (Anm. 70), S. 254–255.

127 Notker Wolf, Gotteslob – das Zentrum benediktinischer Spiritualität, Notker-der-Stammler-Rede, Stiftsbibliothek St. Gallen, 7. Mai 2019, Typoskript in der Stiftsbibliothek, S. 4.

128 Zur Interpretation Luck, Matthäus (Anm. 50), S. 301; Schnackenburg, Matthäusevangelium (Anm. 72), S. 276–277.

129 Wikipedia, Sympathy for the Devil, https://en.wikipedia.org/wiki/Sympathy_for_the_Devil (26.8.20).

130 Zur Interpretation Hossfeld/Zenger, Psalmen 1 (Anm. 123), S. 167–170, hier S. 167, mit der These des Tempelbesuchers. Die These der Klage eines zu Unrecht Verfolgten vertritt dagegen Hans-Joachim Kraus, Psalmen, 1. Teilband, Psalmen 1–59, 5. Auflage, Neukirchen-Vluyn 1978, S. 356–362; Oeming, Psalmen 1 (Anm. 122), S. 164–166, sieht eine stärker symbolische Bedeutung und trifft damit wohl besser die Auffassung heutiger Leserinnen und Leser des Texts.

131 Robert Weber, Le psautier romain et les autres anciens psautiers latins. Édition critique, Rom 1953, S. X und XVIII.

132 Alban Dold und Arthur Allgeier, Der Palimpsestpsalter im Codex Sangallensis 912. Eine altlateinische Übersetzung des frühen 6. Jahrh. aus der einstigen Kloster-Bibliothek von Bobbio, Beuron 1933, Transkription der hier behandelten Stelle S. 13*.

133 Vgl. dazu die Artikel verschiedener Autoren unter dem Lemma Atheismus, in: Theologische Realenzyklopädie, Bd. 4, Berlin 1979, S. 349–436.

134 Zur Interpretation Hossfeld/Zenger, Psalmen 1 (Anm. 123), S. 144–151; Kraus, Psalmen 1 (Anm. 130), S. 320–334; Oeming, Psalmen 1 (Anm. 122), S. 144–151.

135 Zur Interpretation Gnilka, Matthäusevangelium 2 (Anm. 50), S. 475; Luck, Matthäus (Anm. 50), S. 307–308; Schnackenburg, Matthäusevangelium (Anm. 72), S. 280–281.

136 Notker der Deutsche. Der Psalter. Psalm 1–50, hrsg. von Petrus W. Tax, Tübingen 1979, S. 64.

137 Schmithals, Lukas (Anm. 72), S. 227; Jacob Kremer, Lukasevangelium, Würzburg 1992, S. 233–234.

138 Walter Schmithals, Die Apostelgeschichte des Lukas, Zürich 1982, S. 75.

139 Zur Interpretation Hossfeld/Zenger, Psalmen 1 (Anm. 123), S. 191–199, hier S. 191; Kraus, Psalmen 1 (Anm. 130), S. 391–399, hier S. 393–394; Oeming, Psalmen 1 (Anm. 122), S. 182–187, hier S. 182.

140 Wikipedia, Te Deum, https://de.wikipedia.org/wiki/Te_Deum (1.9.20).

141 Von Euw, St. Galler Buchkunst 1 (Anm. 35), S. 326–329.

142 Johannes Duft, Die Glaubenssorge der Fürstäbte von St. Gallen im 17. und 18. Jahrhundert. Ein Beitrag zur Seelsorgsgeschichte der katholischen Restauration als Vorgeschichte des Bistums St. Gallen, Luzern 1944, S. 186–192.

143 Karl Schmid, Das liturgische Gebetsgedenken in seiner historischen Relevanz am Beispiel der Verbrüderungsbewegung des früheren Mittelalters, in: Ders., Gebetsgedenken und adliges Selbstverständnis im Mittelalter. Ausgewählte Beiträge, Sigmaringen 1983, S. 620–644.

144 Dieter Geuenich, Die Verbrüderungsverträge im St. Galler Kapiteloffiziumsbuch (Cod. Sang. 915), in: Bücher des Lebens – Lebendige Bücher, hrsg. von Peter Erhart und Jakob Kuratli, St. Gallen 2010, S. 40–46; Johanne Autenrieth, Der Codex Sangallensis 915. Ein Beitrag zur Erforschung der Kapiteloffiziumsbücher, in: Landesgeschichte und Geistesgeschichte. Festschrift Otto Herding, hrsg. von Kaspar Elm, Eberhard Gönner und Eugen Hillenbrand, Stuttgart 1977, S. 42–55.

145 Peter Ochsenbein, Das Grosse Gebet der Eidgenossen. Eine helvetische Vorform des Rosenkranzes aus dem 15. Jahrhundert, in: Der Rosenkranz. Andacht, Geschichte, Kunst, hrsg. von Urs-Beat Frei und Fredy Bühler, Bern 2003, S. 147–151.

146 Oliver Landolt, Schlachtgebete – das Beispiel der spätmittelalterlichen Eidgenossenschaft, in: Medialität und Praxis des Gebets, hrsg. von Mirko Breitenstein und Christian Schmidt, Berlin 2019, S. 303–318.

147 Peter Ochsenbein, Das grosse Gebet der Eidgenossen. Überlieferung – Text – Form und Gehalt, Bern 1989, S. 179.

148 Frei/Bühler, Rosenkranz (Anm. 145). Gislind Ritz, Die christliche Gebetszählschnur. Ihre Geschichte – ihre Erscheinung – ihre Funktion, Diss. masch. München 1955.

149 Rosenkranz, in: Wikipedia, https://de.wikipedia.org/wiki/Rosenkranz (27.9.20).

150 Einheitsübersetzung 2016, 2 Mose 15,1–21, https://www.bibleserver.com/EU/2.Mose15 (18.9.20).

151 Einheitsübersetzung 2016, Lk 1,46–55, https://www.bibleserver.com/EU/Lukas1 (18.9.20).

152 Einheitsübersetzung 2016, Mt 6,9–13, https://www.bibleserver.com/EU/Matth%C3%A4us6 (18.9.20).

153 Einheitsübersetzung 2016, Lk 11,2–4, https://www.bibleserver.com/EU/Lukas11 (18.9.20).

154 Einheitsübersetzung 2016, Ps 22, https://www.bibleserver.com/EU/Psalm22 (18.9.20).

155 Einheitsübersetzung 2016, Ps 26, https://www.bibleserver.com/EU/Psalm26 (18.9.20).

156 Einheitsübersetzung 2016, Ps 31, https://www.bibleserver.com/EU/Psalm 31 (18.9.20).

157 Text des römischen Hochgebets, deutsche Übersetzung gemäss Schott, Die Feier der Gemeindemesse, https://www.erzabtei-beuron.de/schott/register/ordo_missae/schott_anz/index.html?file=gemeinsame_texte%2FOrdoMissae%2FOrdoMissae.htm (16.10.20).

158 Duft, «Kostbar ist der Tod» (Anm. 63), S. 117.

159 Übersetzung Stefan Matter.

160 Übersetzung Carolin Gluchowski.

161 Übersetzung Carolin Gluchowski.

162 Übersetzung Stefan Matter.

163 Vgl. S. 108–111.

164 Die Geheimnisse des Rosenkranzes auf der Webseite des Vatikans, http://www.vatican.va/special/rosary/documents/misteri_ge.html (16.10.20).

165 Die Zusätze finden sich in vielen Gebetbüchern, hier zitiert nach Wikipedia, Rosenkranz, https://de.wikipedia.org/wiki/Rosenkranz (16.10.20).
166 Umfassend dazu: Heinrich Stirnimann, Klausens gewonlich bet, in: Ders., Der Gottesgelehrte Niklaus von Flüe. Drei Studien, Freiburg CH 1981, S. 71–140.
167 Ebd., S. 95.
168 Zitiert nach ebd., S. 82.
169 Ebd., S. 85.
170 Cod. Sang. 997, S. 125. Ebd., S. 76–81.
171 Kurt Ruh, Das Reimgebet des Nikolaus von Flüe, in: Volkskultur und Geschichte. Festgabe für Josef Dünninger zum 65. Geburtstag, hrsg. von Dieter Harmening, Gerhard Lutz, Bernhard Schemmel und Erich Wimmer, Berlin 1970, S. 562–569, hier S. 567–569.
172 Stirnimann, Klausens gewonlich bet (Anm. 166), S. 130–131.
173 Johannes Duft, Bruder Klaus in der Musik, St. Gallen 1937, S. 37–38. Auch Josef Garovi komponierte wohl in den 1930er Jahren eine Version des Bruder-Klausen-Gebets in der lateinischen Fassung (Op. 12). Ebd., S. 45.
174 Ebd., S. 38.
175 Angelo Garovi, Bruder Klaus in der Musik, in: Schweizerische Kirchenzeitung 22–23 (2017), S. 296–298, hier S. 297.
176 Duft, Bruder Klaus in der Musik (Anm. 173), S. 37–51.
177 Zürich, Zentralbibliothek, Mus NL 6: Aa 10:1.
178 Es fand bald Aufnahme ins Repertoire der Kirchengesangbücher: Orate. Gesang- und Gebetbuch für die Diözese St.Gallen, St.Gallen 1950, S. 244–245; Katholisches Gesang- und Gebetbuch der Schweiz, hrsg. im Auftrag der Schweizerischen Bischöfe, Einsiedeln 1977, S. 677–678. Vgl. Stirnimann, Klausens gewonlich bet (Anm. 166), S. 134–136. Einheitsübersetzung 2016, Ps 31, https://www.bibleserver.com/EU/Psalm31 (18.9.20).

Register der Handschriften und Drucke